Christoph Martin Vogtherr

Die Bildergalerie von Sanssouci

Die Bildergalerie von Sanssouci

Christoph Martin Vogtherr

Berlin Edition

Inhalt

Einführung	9
Sanssouci: vom Sommerschloß zur Residenz	11
Friedrich der Große als Gemäldesammler	14
Der Bau der Bildergalerie	17
Die Gemälde der Bildergalerie	24
Eine neue Systematik	36
Die Entwicklung zur akademischen Galerie	42
Potsdamer Kunstwerke in Paris	56
Potsdamer Kunstwerke in Berlin	50
Der Traum von der alten Bildergalerie	53
Die Bildergalerie zur Zeit der Schlösserverwaltung	56
Krieg und Verluste	60
Restaurierungen	62
Literatur	68
Abbildungsnachweise	69

Einführung

Die Bildergalerie von Sanssouci liegt an verborgenem Ort. Die Scharen von Touristen, die den Park bevölkern, nehmen nur wenig von ihr Notiz. Doch der Besucher, der die berühmten Weinbergterrassen herabsteigt und den Blick nach links in östliche Richtung wendet, wird sie – unscheinbar hinter Buschwerk liegend – bemerken, und beim Nähertreten in eine eigene, vergangene Welt eingefangen.

Nach dem schlichten Außenbau der Bildergalerie erlebt man das aufwendig dekorierte Innere zunächst als Überraschung. Es handelt sich hierbei um eine ganz besondere Form der Traditionspflege, denn die Bildergalerie führt den Typus des barocken Galerieraums aus dem Berliner Schloß fort, der wiederum an römische Vorbilder angelehnt ist. Ihr Gründer, Friedrich der Große, übertraf die Berliner Bildergalerie noch an Reichtum und stellte sie in seiner Sommerresidenz Sanssouci in einen neuen Zusammenhang. Auf den Reichtum und die Monumentalität der Bildergalerie ist man nicht vorbereitet, wenn man sie aus dem Schloß Sanssouci kommend betritt – ist hier doch ein hochbarocker Innenraum in eine Rokokowelt transportiert und transponiert worden. Immer wieder ließ Friedrich in Potsdam Vorbilder, Entwürfe und Bautypen aus verschiedenen Zeiten und den unterschiedlichsten Gegenden Europas zusammenbringen und erzeugte damit Widersprüche, die zu erspüren lohnend ist.

Eine fürstliche Kunstsammlung des 18. Jahrhunderts noch an ihrem ursprünglichen Ort – dies ist in Deutschland eine einmalige Situation. Denn während sich gerade in Italien und England noch viele wichtige Sammlungen des 18.

Jahrhunderts relativ intakt an altem Ort erhalten haben, hat es in dieser Hinsicht in Deutschland große Veränderungen gegeben – zum einen aufgrund der zerstörerischen Geschichte des Landes, nicht zuletzt aber auch, weil Deutschland im 19. Jahrhundert bei der Einrichtung öffentlicher Kunstmuseen führend war. Dies hat dazu geführt, daß heute alle anderen großen deutschen Fürstensammlungen jener Zeit – in Dresden, Mannheim, Düsseldorf oder Braunschweig – in öffentliche Sammlungen überführt wurden und in diesen aufgegangen sind.

Vor diesem Hintergrund kommt der Potsdamer Bildergalerie eine besondere Bedeutung zu. Zum einen gibt sie einen Eindruck vom fürstlichen Sammeln des 18. Jahrhunderts, gleichzeitig beherbergt sie eine große Anzahl bedeutender Barockgemälde, die jedes für sich die ganze Aufmerksamkeit erfordern. Damit steht die Bildergalerie in einem Spannungsfeld zwischen ihren musealen Aufgaben einerseits und ihrer Bedeutung als Zeugnis der Sammlungs- und Museumsgeschichte andererseits. Die Wahrnehmung dieses Spannungsfeldes schärft den Blick für die Entwicklungen im Umgang mit Kunst während der letzten 250 Jahre und stellt damit Erwartungen in Frage, die heutzutage *per se* an die Präsentation von Kunst im Museum gerichtet sind.

Sanssouci: Vom Sommerschloß zur Residenz

Die ersten Regierungsjahre Friedrichs (II.) des Großen (1712-1786) waren im Hinblick auf die Wahl seiner Residenz von einer gewissen Rastlosigkeit geprägt. Diese dürfte aus dem Bestreben resultieren, dem ungeliebten Berlin zu entfliehen, den mit dem dortigen Schloß verbundenen Erinnerungen an peinigende Jugendjahre zu entkommen und, nicht zuletzt, den Bruch mit der Vergangenheit, mit der Regierungsepoche seines Vaters zu vollziehen. Als er 1740 den Thron bestieg, ließ er sich noch im gleichen Jahr das vor den Toren der Stadt gelegene Charlottenburger Schloß zu seiner Residenz ausbauen. Wenig später nur, 1743, zog es ihn noch weiter fort. Seine Wahl fiel auf Potsdam: Am dortigen Stadtschloß, das sich binnen kurzer Zeit zur Hauptresidenz des Königs entwickeln sollte, wurden durchgreifende Umbauten vorgenommen.

Fast zeitgleich entstand der Plan zum Bau eines Sommerschlosses bei Potsdam. 1744 ließ Friedrich den ‚Wüsten Berg', den späteren Standort des Schlosses Sanssouci, erwerben und ordnete den Bau eines Weinberges an. Erst kurz darauf faßte er den Entschluß, auf diesem Weinberg auch ein Schloß zu errichten, für das im April 1745 der Grundstein gelegt wurde – bereits zwei Jahre später war es fertiggestellt. Sanssouci entstand in den typischen Formen eines Lustschlosses, eingeschossig, ohne eine aufwendige Folge von Empfangs- und Festsälen, dafür mit relativ kleinen und wohnlichen Räumen und – bei Schlössern Friedrichs des Großen fast immer die Regel – ohne eine Wohnung für die Königin.

Unterhalb des Schlosses erstreckte sich die Terrassenanlage und davor die von einem Gartenparterre umgebene

Fontäne. Seitlich begrenzt war die Anlage von zwei Rampen mit Baumreihen. Die Erweiterung dieses Bereichs nach Osten wurde vom König selbst wahrscheinlich Ende des Jahres 1745 skizziert. Auf dem Gelände der Bildergalerie und des Holländischen Gartens zeichnete er ein Gewächshaus und Terrassen mit Gemüsetreibkästen ein, wie sie dann auch Trosbergs frühe Sanssouci-Ansicht von 1746 wiedergibt (Abb. 1). Eine direkte Sichtbeziehung zum Orangerierondell bestand nicht, handelte es sich doch um einen reinen Nutzbereich. Eine Situation anderen Charakters bot sich auf der Westseite, die Knobelsdorffs Orangerie zeigte. Diese war durch eine Achse direkt in den Garten eingebunden, besaß sie doch als Ort demonstrativen Reichtums eine gewisse Bedeutung und war auch architektonisch entsprechend gestaltet.

Gegen 1750 hatte die Anlage einen ersten abgerundeten Zustand erreicht. Schloß und Park entsprachen zu dieser Zeit ganz dem Charakter einer kleineren, informellen Sommerresidenz. Schloß Sanssouci lag am nördlichen Rand der Anlage, beherrschte aber trotzdem das Zentrum der schon zu dieser Zeit ausgedehnten Ost-West-Ausrichtung des Parks. Im Osten erstreckte sich die Anlage, wie auch noch heute, bis zum Obeliskenportal, im Westen endete sie in Höhe des heutigen sogenannten ‚Entführungsrondells' an der Hauptachse, die ihrerseits weiter in die angrenzende Waldzone des Rehgartens vorstieß.

In den folgenden Jahren wurde die Anlage durch Umbauten und zusätzliche Gebäude angereichert und verdichtet, wodurch sich innerhalb kurzer Zeit ihr Charakter grundlegend wandelte. Der Bau des Chinesischen Hauses, der Neptungrotte und der Marmorkolonnade im Rehgarten sind als Ausschmückung der Gartenanlagen zu begrei-

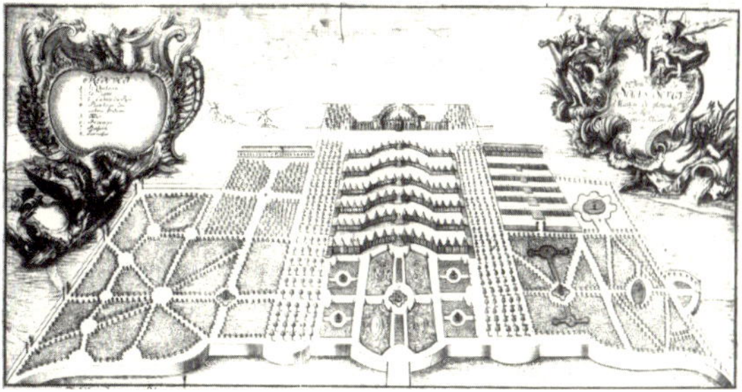

Abb. 1: Trosberg, Ansicht von Sanssouci, um 1746. Die vermutlich früheste Ansicht des Weinberges zeigt rechts auf dem Grundstück der späteren Bildergalerie noch Gewächshäuser.

fen. Mit der Planung der Bildergalerie wurde jedoch ein Element in die Anlage aufgenommen, wie es für einen Stadtpalast oder ein Residenzschloß typisch gewesen wäre und in Preußen bereits im Berliner Schloß existierte. Die Tendenz, Funktionen einer Residenz in Sanssouci anzusiedeln, setzte sich in den folgenden Jahren mit dem Umbau des Orangeriegebäudes – dieses wurde mit Gästewohnungen und Festräumen zu den ‚Neuen Kammern' ausgestattet – fort und erreichte ihren Höhepunkt mit der Erbauung des Neuen Palais' als Schloß für Familienmitglieder und Gäste, das auch aufwendige Festräume enthielt.

Friedrichs besondere Vorliebe für das Weinbergschloß, das er in einer weit über das vorgesehene Maß hinausgehenden Weise nutzte, hatte zu dieser Entwicklung geführt. Obwohl das Potsdamer Stadtschloß die Haupt- und Winterresidenz blieb, holte er nach und nach Funktionen eines klassischen Residenzschlosses nach Sanssouci. Der Reiz der Bildergalerie liegt deshalb gerade auch in dieser Verpflanzung eines ‚städtischen' Innenraumtyps in die Parkanlage von Sanssouci begründet. Dies erklärt den merkwürdigen Kontrast zwischen dem schlichten, fast anspruchslosen Außenbau und dem überwältigenden Reichtum des Inneren, den wohl alle Besucher beim Betreten der Galerie empfinden.

Friedrich der Große als Gemäldesammler

Wie sehr auch Friedrich im Bereich der Philosophie und Literatur über umfassende Bildung verfügte – die Bildende Kunst blieb für ihn nur eine Liebhaberei. Seiner bedeutenden Gemäldesammlung zum Trotz war er kein ausgewiesener Kunstkenner. Den weit überwiegenden Teil seiner Kunsterwerbungen sah er erst nach dem Kauf, wurden sie doch von Agenten im Ausland, meist in Paris, gekauft. Friedrich selbst hat nur wenige Orte mit bedeutenderen Kunstsammlungen besucht, wobei Dresden und das Lustschloß Salzdahlum bei Braunschweig bei ihm einen besonderen Eindruck hinterlassen haben. Frankreich hat er selbst nie besucht; er bezog also seine Kunstkenntnisse aus zweiter Hand.

Der Vergleich seiner Kunstankäufe beispielsweise mit zeitgenössischen französischen Sammlungen läßt die Unterschiede ins Auge fallen. Friedrich sammelte zu gewissen Zeiten seines Lebens im großen Stil, war dabei aber weder ein Kenner, noch ein wirklich leidenschaftlicher Sammler und hielt die selbst gesetzten finanziellen Obergrenzen für

Erwerbungen stets ein. Und da er Kunst hauptsächlich zur Ausstattung seiner Schlösser kaufte, interessierte ihn nur das vollendete Werk. Die fortschrittlicheren französischen Kunstsammler der Zeit zeigten dagegen ein deutliches Interesse an Skizzen, Vorstudien und Zeichnungen, die es dem Kenner erlaubten, den Schaffensprozeß der Werke nachzuvollziehen. Diese Vorlieben forderten aber auch eine Offenheit gegenüber der spontaneren Handschrift des Künstlers und eine genaue Kenntnis der künstlerischen Arbeit. Friedrich dagegen unterschritt nie die Grenze zum repräsentativen, ganz ausgeführten Werk, was ihn als konventionellen Sammler kennzeichnete.

Ziel seiner Sammlertätigkeit waren nicht in erster Linie Werke ausgewählter Maler, sondern Darstellungen von ihm geschätzter Themen. Er wollte Szenen in der Art Watteaus in seinen Schlössern versammeln, nicht notwendigerweise Meisterwerke des Malers selbst. Wahrscheinlich existierte dieser Unterschied nicht einmal wirklich für ihn. So scheint es ihm beispielsweise unmöglich gewesen zu sein, Werke Watteaus und seiner Schüler auseinanderzuhalten. Für uns heute liegen Welten zwischen diesen Gemälden, und auch im Paris des 18. Jahrhunderts hätten viele Werke wohl kaum unter den Namen verkauft werden können, unter denen sie Friedrich angeboten wurden, wußte man dort doch viel eher zwischen einem Watteau und dessen Schüler Lancret zu unterscheiden.

Das vorherrschende Interesse am Inhalt zeigte sich auch in Friedrichs Art, seine Gemälde auf solche Weise zu arrangieren, daß sie inhaltlich aufeinander Bezug nahmen und sich – mitunter ironisch – kommentierten. Im Konzertzimmer des Potsdamer Stadtschlosses etwa stellte Friedrich durch die Gemälde seine eigene Situation als kriegführender König während des Zweiten Schlesischen Krieges dar. Zwei *fêtes galantes* Lancrets rahmten eine Kopie von Rubens' Darstellung der *Folgen des Krieges* (das Original zu sehen im Palazzo Pitti in Florenz}, auf der die Liebesgöttin Venus den Kriegsgott Mars von seinem zerstörerischen Tun zurückzuhalten sucht. Gegenüber hing ein Gemälde Antoine Pesnes, das die im damaligen Berlin berühmte Tänzerin Marianne Cochois zeigte – die aktuelle Gegenwelt zu dem durch die gegenüber hängende Dreiergruppe beschriebenen Konflikt. Die skizzierte inhaltliche Aussage war Friedrich wichtig genug, um eine Kopie mit in dieses Ensemble aufzunehmen.

Die Sammlung französischer Gemälde im Besitz Friedrichs wurde großteils auf dem Kunstmarkt erworben, nur relativ wenige Gemälde gab er selbst in Auftrag. Entsprechend hinkte sein Geschmack der Entwicklung zunächst leicht, später deutlich hinterher. Dabei kaufte er gerade mit den Gemälden Watteaus Werke, die auch in Frankreich bei Sammlern sehr begehrt waren. Neuere, klassizistische Entwicklungen aber sind in seiner Sammlung kaum gespiegelt, schon Fragonard war nicht mehr vertreten.

Friedrichs Interesse an der Malerei ist seit seiner Kronprinzenzeit in Rheinsberg (ab 1736) belegt. Wir wissen, daß er dort eine erste kleinere Sammlung hauptsächlich französischer Malerei aufgebaut hatte, die heute nicht mehr nachzuweisen ist. Wahrscheinlich handelte es sich großteils um Kopien. Ab 1744 sammelte Friedrich im großen Stil Werke Antoine Watteaus und seines Kreises – vor allem seiner Schüler Jean-Baptiste Pater und Nicolas Lancret – und unter dem Einfluß des Marquis d'Argens und des Grafen Algarotti für das Schloß Sanssouci auch Figurenbilder zeitgenössischer französischer Maler. Gegen 1750 ebbte diese

Erwerbungswelle ab, denn die Wohnungen des Königs im Neuen Flügel des Schlosses Charlottenburg, im Potsdamer Stadtschloß und in Sanssouci waren mittlerweile hinreichend ausgestattet.

Seit den 1750er Jahren sammelte Friedrich überwiegend Alte Meister. Den Rahmen für dieses neue Interesse bildeten die Bildergalerie, in der fast ausschließlich Werke älterer Meister hingen, und das Neue Palais. Die Bedeutung der neueren Malerei für Friedrich ging spürbar zurück. Gleichzeitig wurde die Hängung der Gemälde in seinen Schlössern schematischer, und es entstanden kaum noch inhaltliche Ensembles derselben Dichte. In die Bildergalerie wurden nur vereinzelt neuere Gemälde aufgenommen. Auch im Neuen Palais, das Friedrich etwa gleichzeitig mit der Bildergalerie ausstatten ließ, waren nur noch wenige ‚moderne' Maler vertreten, darunter nach wie vor eine größere Gruppe von Gemälden aus dem Watteau-Kreis. Die große Ausnahme bildeten drei bedeutende Werke des seinerzeit wichtigsten Malers in Rom, Pompeo Girolamo Batoni. Zwei seiner Werke hingen im Neuen Palais, das dritte, die *Vermählung Amors und Psyches*, befand sich in der Bildergalerie. Auf diesen Maler war Friedrich von seiner Schwester Wilhelmine, der Markgräfin von Bayreuth, aufmerksam gemacht worden, die auf ihrer Italienreise 1754/55 die neuesten Tendenzen kennengelernt hatte.

Der Bau der Bildergalerie

Über Planung und Bau der Bildergalerie gibt Heinrich Ludwig Manger in seiner *Baugeschichte von Potsdam* von 1789/90 ausführlich Auskunft: „Den Entwurf zur Schilde-

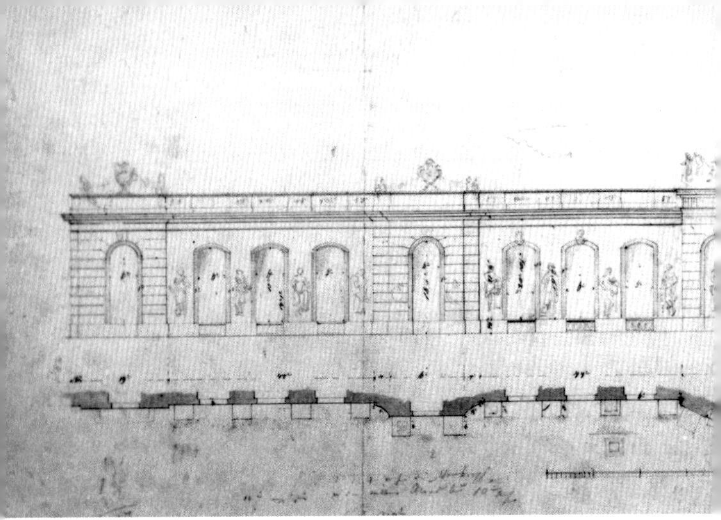

Abb. 2: Baubüro Johann Gottfried Büring, Aufriß und Grundriß der Gartenfassade der Bildergalerie, 1754/1755.

reien- oder Bildergallerie in Sans-Souci zu machen, befahl der König Büringen bereits zu Anfang des Jahres 1755, weswegen er ihn im Januar nach Berlin kommen ließ, und zwar folgendermaßen: 1. sie sollte an den Ort zu stehen kommen, wo 1745 das erste Gewächshaus war erbauet worden, das ist: auf der linken Seite vom Lustschlosse an gerechnet, auf die etwas niedrigere Anhöhe, als die des gedachten Lustschlosses. 2. Sie sollte von außen eben das Ansehen erhalten, als das in gleicher Entfernung vom Mittel und auf eben so hohen Boden stehende Orangehaus rechter Hand, welches 1747 war aufgeführt worden. Jedoch

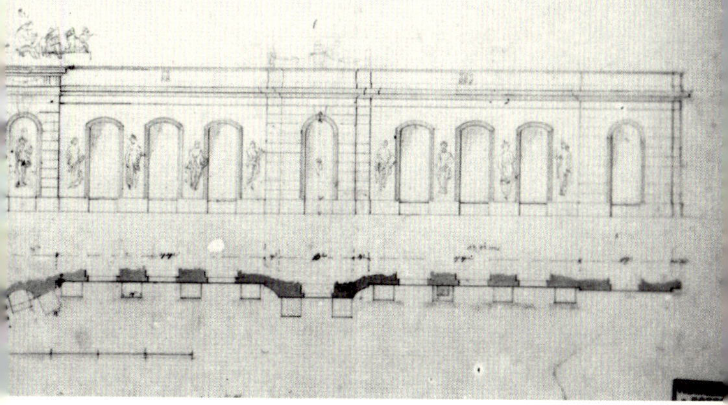

sollte 3. auf das Mittel derselben über dem Dache eine Erhöhung, oder Art von Kuppel hervorragen, und auf der Giebelseite gegen die vorbeigehende Straße ein Balkon angelegt werden. Endlich 4. sollte der Raum im Erdrisalite, welches an die höhere Terrasse anstieß, zu einer Treppe auf diese Anhöhe, der des zweiten aber an der Giebelseite mit dem Balkon, zu einem Musäum, oder Kabinet für kleine Schildereien, genutzt werden. Diese Vorschrift legte freilich dem Baumeister großen Zwang auf." (Manger, S. 221 f.)

Bürings Entwurf (Abb. 2) berücksichtigte alle diese Anweisungen. Er entsprach im äußeren Knobelsdorffs Orangenhaus, ließ allerdings den Mittelrisalit konvex ausschwingen, womit der Fassade eine größere Bewegtheit verliehen wurde. Wie vom König gewünscht, befindet sich hinter dem äußeren westlichen Risalit ein Treppenhaus zur obersten Weinbergterrasse, das den bequemen Zugang vom Schloß Sanssouci ermöglichte. Das Pendant auf der Ostseite bildet das Kabinett, ein Raum für kleinere Gemälde. Dazwischen erstrecken sich die drei Haupträume der Galerie. Der überkuppelte Saal im Zentrum der Anlage, nach dem berühmten achteckigen Galerieraum in den Florentiner Uffizien gewöhnlich als *Tribunà* bezeichnet, füllt den Mittelrisalit. Hinter den jeweils sieben Fensterachsen zu beiden Seiten verbergen sich durchgehende Galerieräume, was am Außenbau nicht ersichtlich ist.

Fassade und Innenräume der Bildergalerie erwecken den Eindruck, als hätten sie keinen Bezug zueinander. Hatte Friedrich die Anweisung gegeben, daß das Äußere der Orangerie für den gänzlich anderen Zweck einer Bildergalerie zu übernehmen sei, so stand hinter dem Inneren der Galerie eine eigene Tradition: Die *Galleria Colonna* in Rom hatte schon zu Beginn des Jahrhunderts als Vorbild für die Bildergalerie im Berliner Schloß gedient, die ihrerseits eine wichtige Orientierung für Potsdam bot. In Rom ist eine lange, auf beiden Seiten durch Fenster belichtete gewölbte Galerie an ihren Schmalseiten durch kleinere Räume flankiert, die durch zwei freistehende Säulen vom Hauptsaal getrennt sind. Diese Innenraumgestaltung hatte Eosander Göthe für das Berliner Schloß übernommen. In Potsdam wurde diese Struktur nun umgekehrt, indem die *Tribunà* in die Mitte gerückt und durch zwei Galerien flankiert wurde. Da die Galerie auf der Rückseite gegen einen Hügel gebaut ist, erhalten die Galeriesäle Licht nur von

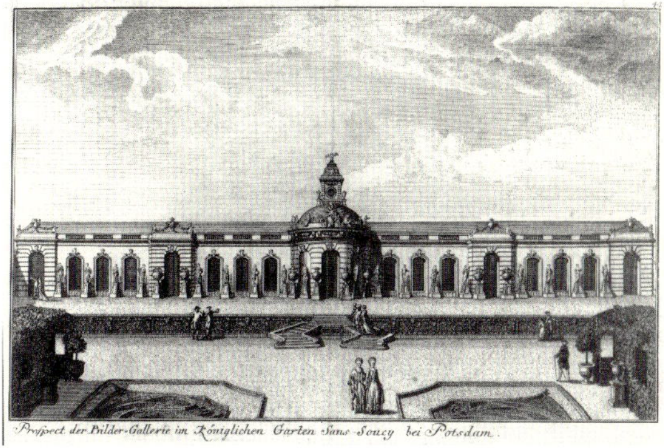

Abb. 3: Johann Friedrich Schleuen, Ansicht der Bildergalerie von Süden, um 1770.

einer Seite. Ein Korridor hinter der Bilderwand sorgt dafür, daß die Feuchtigkeit der Erde den Gemälden nicht schadet.

An der ausgeführten Südfassade zum Garten (Abb. 3) spielen die figürlichen Darstellungen eine wesentliche Rolle. Die Reliefs der Schlußsteine über den Fenstertüröffnungen zeigen bedeutende Künstler, wobei man sich bei Ihrer Auswahl von keinen bestimmten Vorlieben leiten ließ, vielmehr einer nur vagen Idee von der Geschichte der Kunst Ausdruck verleihen wollte. So sind berühmte antike Künstler ebenso vertreten wie altdeutsche Maler oder Flamen, Holländer und Italiener der Renaissance und des Barock, von denen nur ein kleiner Teil auch in der Galerie vertreten war. Die großformatigen Skulpturen zwischen den Fenstertüren stellen Allegorien einzelner Künste, aber auch kunsttheoretischer Konzepte oder künstlerischer Begriffe – so beispielsweise die *Erfindung* oder das *Studium der Antike* – dar.

Die Darstellungen beziehen sich auf den Zweck des Gebäudes, ergeben jedoch keine übergreifende und widerspruchsfreie Aussage. Das ist durchaus üblich für das spätere 18. Jahrhundert, das bei der allegorischen Ausstattung von Gebäuden eher assoziativ als systematisch vorging, doch stieß die Dekoration des Bildergaleriegebäudes schon bald auf heftige Kritik, die der bereits zitierte Heinrich Ludwig Manger in seiner *Baugeschichte von Potsdam* überliefert: „Wenn z. B. gefragt wurde: was haben denn die armen Mahler gethan, daß man ihre Köpfe zu Fenster- und Thürschlußsteinen anwendet? Wozu sollen die großen Begräbnißurnen zwischen den Fenstern; denn Urnen müssen es doch wohl seyn, das zeugen die Schlangen? Soll die Asche der Künstler, deren Köpfe hier so zur Schau gestellet sind, als wenn sie von Felsen gewesen wären, darinnen aufbewahret scheinen, so wäre es doch wohl an einer solchen Urne genug gewesen, denn diese hätte allesammt sehr gut fassen können? Was soll man von dem niedrigen gedruckten Dinge denken, das einen Dom oder eine Kuppel vorstellen soll, aber mehr dem hölzernen Thürmchen einer schlechten Dorfkirche ähnlich sieht? Was thut der Adler oben darauf mit den Schlangen? Konte der nicht andere Attributen haben.? u.s.w." (Manger, S. 222 f.)

Im Gegensatz zum relativ schlichten Äußeren der Bildergalerie ist das Innere (Abb. 4) prunkvoll ausgestattet. Die Fensterwände sind mit *giallo antico,* antikem gelben Marmor verkleidet, die Fußböden mit verschiedenfarbigem Marmor ausgelegt, in der *Tribunà* sogar mit einer auf-

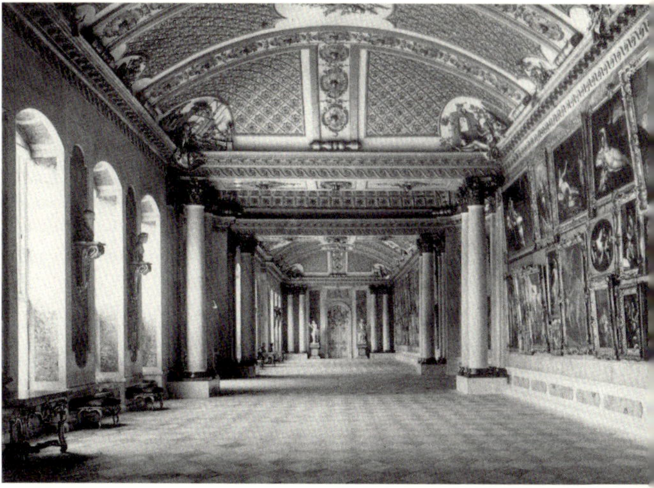

Abb. 4: Das im Gegensatz zum schlichten Äußeren prunkvoll gestaltete Innere: Innenansicht der Bildergalerie. Blick nach Westen, 1930er Jahre.

wendigen Steineinlegearbeit versehen. Nur die Nordwand, an der die Gemälde hängen, ist eine schlichte, grün gestrichene Fachwerkwand, sollte sie doch von den Gemälden fast vollständig verdeckt sein. Die Gewölbe der Räume wurden stukkiert und vergoldet. Hier stellen allegorische Figurengruppen die Künste dar: Malerei, Bildhauerei, Architektur, Astronomie (Abb. 5) und Geographie. Alle Themen kommen mehrfach vor – auch dies ein Zeichen, daß keine systematische Botschaft mit ihnen verbunden wurde.

Von Beginn an war die Bildergalerie mit einer reichen Skulpturensammlung ausgestattet. Die meisten der antiken Skulpturen, darunter die berühmte hellenistische *Knöchelspielerin* (Würfelspielerin), sind 1829 nach Berlin in das neugegründete Alte Museum überführt worden. Die beiden antiken Sarkophagreliefs dagegen, die in die Seitenwände über den Türen eingemauert wurden, sind aus praktischen Gründen an ihrem Ort belassen worden; das eine wird heute allerdings nicht mehr als antikes Werk angesehen. Von besonderer Bedeutung sind darüber hinaus die vier großformatigen Marmorskulpturen, die Friedrich direkt in Auftrag gab. Er wollte hier ein Ensemble von Werken der größten französischen Bildhauer seiner Zeit zusammenstellen. Nach langen Verhandlungen und diversen Änderungen wurden die Skulpturen von drei Künstlern ausgeführt: die Figuren vor der Ostwand von Guillaume Coustou d. J., die Diana an der Westwand von Louis-Claude Vassé, der Apollon von Jean-Baptiste Lemoyne (Abb. 6).

Die Gemälde der Bildergalerie

Die Bildergalerie von Sanssouci war, nach der Gemäldesammlung in der Berliner Residenz, der zweite große Galerieraum in den preußischen Schlössern. Sie diente nicht der besseren Unterbringung eines vorhandenen Gemäldebestandes; bis auf ganz wenige Ausnahmen sind die Werke vielmehr eigens zur ihrer Ausstattung angeschafft worden. Friedrich der Große führte bewußt nicht die Sammlung des königlichen Hauses fort. Stattdessen setzte er neu an:

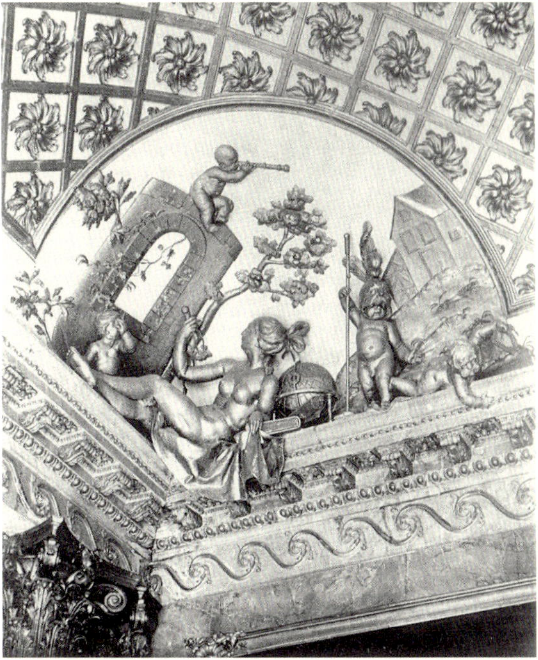

Abb. 5: Die Gewölbe der Räume wurden stukkiert und vergoldet: Carl Joseph Sartoris Allegorie der Astronomie in der Nordwestecke des östlichen Bildersaals.

„Meine Gemäldegalerie besteht nur aus Neuerwerbungen. Aus Berlin ist nichts entlehnt. Trotzdem habe ich fast 100 Gemälde zusammengebracht" – so schrieb er im November 1755 an seine Schwester Wilhelmine nach Bayreuth (zit. bei Seidel, S. 171). Die Potsdamer Bildergalerie sollte auch einen Ersatz für die Bildergalerie im ungeliebten Berlin darstellen, das für Friedrich immer mit seinem sadistischen Vater verbunden blieb. Auf jeden Fall sollte sie sein eigenes Werk bleiben.

Gleichzeitig blieb die Galerie für ihn ein begrenztes Projekt: „Wie Du siehst, verbannt die Philosophie nicht immer die Torheit aus den Köpfen der Menschen. Aber die Bildernarrheit wird bei mir nur kurz sein; denn wenn das Maß voll ist, kaufe ich nichts mehr." (ebd.) Diese Vorgehensweise blieb für Friedrich typisch: Wenn die Wände gefüllt waren, hörte er auf zu kaufen. Nur noch einmal ist nach Abschluß der Einrichtung der Bildergalerie deren Bestand in Bewegung geraten, als nämlich im Zusammenhang mit der Einrichtung des Neuen Palais viele Gemälde ihren Ort wechselten.

Friedrich hatte das erklärte Ziel, Werke der großen, klassischen Meister zu erwerben. Dies waren für ihn und seine Zeit die Italiener der Renaissance und des Barock, die flämischen Maler um Rubens und die holländischen Maler seit dem späten 16. Jahrhundert. Diese Schwerpunkte sind

Abb. 6: Westwand des westlichen Bildersaals: links Vassés Skulptur der Diana, rechts Lemoynes Apollo.

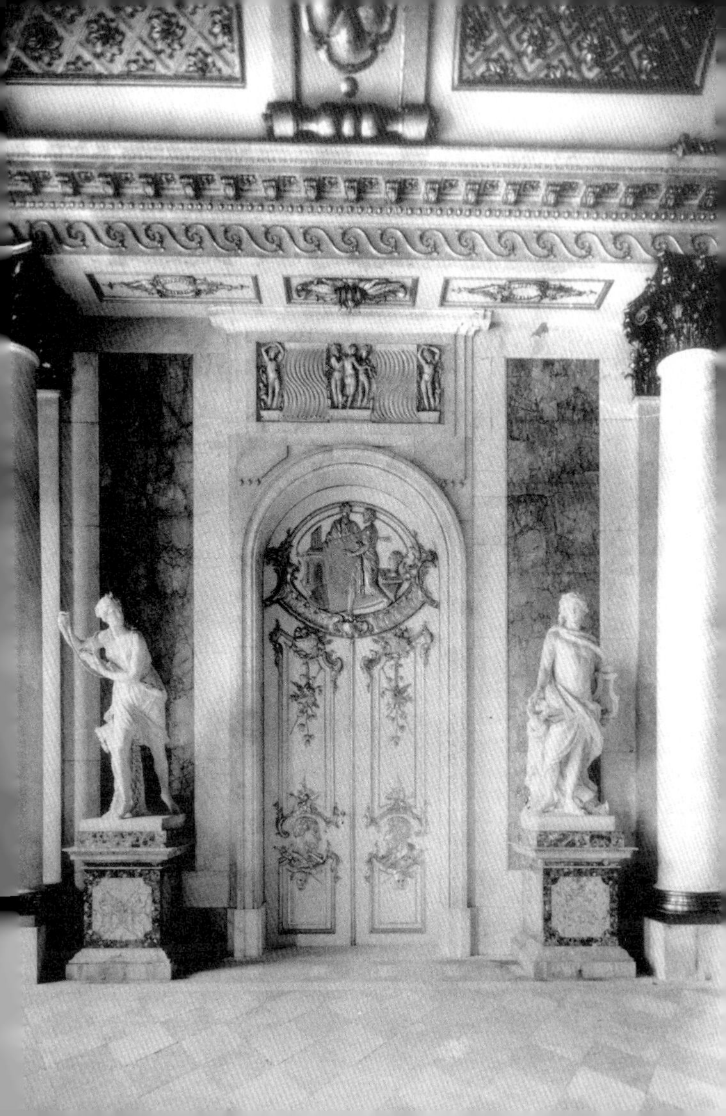

für die Zeit Friedrichs des Großen nicht überraschend, allenfalls einige Details: Aufgrund seiner begrenzten Kenntnisse und seiner Sparsamkeit versagte sich Friedrich den Wunsch, mehr Werke aus der italienischen Hochrenaissance zu erwerben. Die Zahl und Bedeutung der holländischen Gemälde in seiner Sammlung war zwar beachtlich, blieb aber doch um einiges hinter vielen zeitgenössischen Sammlungen zurück. Eine große Ausnahme bildeten die Werke der Brüder van der Werff. Kaum vertreten waren französische Maler; Deutsche und Spanier tauchten im Bestand gar nicht erst auf. Daraus wird ersichtlich, daß Friedrich deutlich zwischen der neueren Malerei – den Franzosen – und den Alten Meistern der klassischen Schulen unterschied.

Der heutige Betrachter der Sammlung muß sich stets vergegenwärtigen, daß sich das Wissen über die Kunst im allgemeinen und die Malerei im besonderen seit den Zeiten Friedrichs erheblich erweitert hat. Erst an der Wende zum 19. Jahrhundert entstand das Universitätsfach Kunstgeschichte. Noch im 18. Jahrhundert wurden Zuschreibungsfragen deshalb hauptsächlich von Kennern und Künstlern erörtert. Hinzu kommt, daß der Frage der Eigenhändigkeit von Kunstwerken heute eine ideelle und finanzielle Bedeutung beigemessen wird, die das 18. Jahrhundert nur in Ansätzen teilte. Fragen der Qualität waren häufig wichtiger als Künstlernamen, und gute Kopien wurden als Zeugnisse wichtiger Kunstwerke und Ideen geschätzt. Nur auf die wenigen Werke hinzuweisen, deren Zuschreibungen zu allen Zeiten unverändert geblieben sind, würde den Zugang zum Kunstverständnis des 18. Jahrhunderts deshalb erheblich erschweren. Das aus heutiger Sicht sicherlich wichtigste italienische Gemälde in Friedrichs Samm-

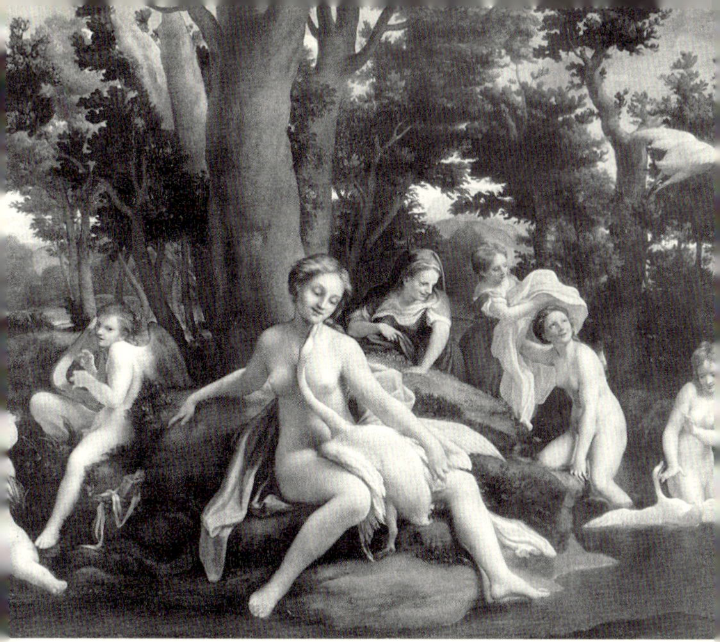

Abb. 7: Von manchen als schockierend empfundene Erotik: Die ‚Leda' von Antonio Allegri, genannt Correggio.

lung, Correggios *Leda* (Abb. 7), wurde zum Beispiel ursprünglich zusammen mit einer Darstellung der *Io* gezeigt, die seit langem als Kopie nach Correggios Wiener Original erkannt ist. Auch die Geschichte einzelner Gemälde spielte für die damaligen Sammler eine Rolle. Die *Leda* befand sich unter anderem im Besitz Philipps II. von Spanien, Königin Christinas von Schweden und des Herzogs von Orléans. In fanatischer Reaktion auf die erotische Darstellung zerstückelte dessen Sohn das Gemälde. Später wurde es wieder zusammengesetzt und der zerstörte Kopf der Leda erneuert. Friedrich wird an diesem Gemälde auch die Folge illustrer Vorbesitzer gereizt haben, möglicherweise aber auch der Besitz eines als schockierend geltenden erotischen Werks.

Zu Friedrichs Zeiten hätte man die *Leda* jedoch nicht als das isolierte Meisterwerk der Italiensammlung gesehen. Damals war man vielmehr darum bemüht, auch Gemälde anderer großer Renaissancemaler zu besitzen – etwa Werke von Raphael oder Leonardo. Die Einschätzung dieser Bilder hat sich in den vergangenen zweieinhalb Jahrhunderten grundlegend geändert – der ehemalige ‚Leonardo' wird heute sogar für ein niederländisches Werk gehalten.

Die Kenntnisse über die italienische Renaissancemalerei jenseits der berühmten Hauptwerke waren im 18. Jahrhundert aber überall begrenzt. In Europa kursierten Tausende von ‚Raphaels' und ‚Leonardos', auch in alten, prestigeträchtigen Sammlungen, die nach heutigen Begriffen zahlreiche Originale dieser Meister bergen. So entsprach Friedrichs Sammlung durchaus den Standards der Zeit, nur war sie eben nicht – wie etwa in Dresden – eine Ausnahmeerscheinung. Der König hatte unmißverständlich klargemacht, daß man in Preußen anders sammeln wolle als in Sachsen. Die von Friedrich vorgegebenen Höchstpreise wurden eingehalten. Und während der sächsische Kurfürst bestimmte Meisterwerke wie die *Sixtinische Madonna* jahrzehntelang nicht aus den Augen verlor und hartnäckig um deren Erwerb bemüht war, sammelte Friedrich II. eher spontan und mit weit gemischterem Erfolg.

War es auch zu Friedrichs Zeiten schon schwierig, mit

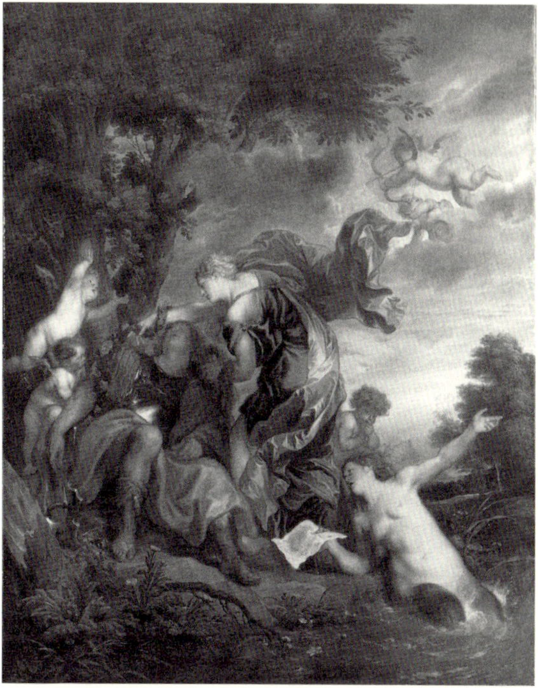

Abb. 8: Eines der sogenannten ‚Galeriestücke': Anthonis van Dycks ‚Rinaldo und Armida'.

begrenzten Mitteln Hauptwerke der italienischen Renaissance zu erwerben, so barg die Sammlung der Bildergalerie eine ganze Folge wichtiger italienischer Barockgemälde. Hier konnten Sammler aus dem großen Reservoir der römischen Privatsammlungen schöpfen, die Mitte des 18. Jahrhunderts zunehmend zum Verkauf standen. Friedrich erwarb aus einer solchen Quelle, der Sammlung Pallavicini, die beiden Großformate Marattas und Ciro Ferris. Sie bilden noch heute – wie schon in den ersten Jahren der Bildergalerie – den beherrschenden Rahmen für die Italiener-Wand.

Im Bereich der holländischen und flämischen Malerei trugen Friedrichs Agenten eine außergewöhnliche Gruppe an Hauptwerken zusammen. Gerade Rubens und van Dyck waren in der ganzen Vielfalt ihres Werkes vertreten. Dies ist eine Qualität der Sammlung, die in den letzten Jahrzehnten wieder verstärkt in den Blickpunkt getreten ist. Denn während man sich lange Zeit nur auf die ‚klassischen' Perioden dieser Maler konzentrierte, hatte Friedrich weniger dogmatisch erworben – sei es bewußt oder aus Unkenntnis: Noch heute befinden sich in der Bildergalerie etwa mit dem *Heiligen Hieronymus* und der *Amazonenschlacht* wichtige Frühwerke von Rubens, die im 19. Jahrhundert kaum Beachtung fanden.

Wie Correggios *Leda* stellten viele der Gemälde in der Galerie mythologische Szenen dar. Van Dycks *Rinaldo und Armida* (Abb. 8) etwa fällt in diese Kategorie des sogenannten ‚Galeriestücks' – mittelgroße Gemälde mit Darstellungen historischer oder mythologischer Szenen meist in Ganz- oder Halbfigur. Von van Dyck erwarb Friedrich 1755 auch drei Altäre aus der Abtei Ter Duinen bei Brügge, so wie er auch bei Rubens und Rembrandt (Abb. 9) gelegent-

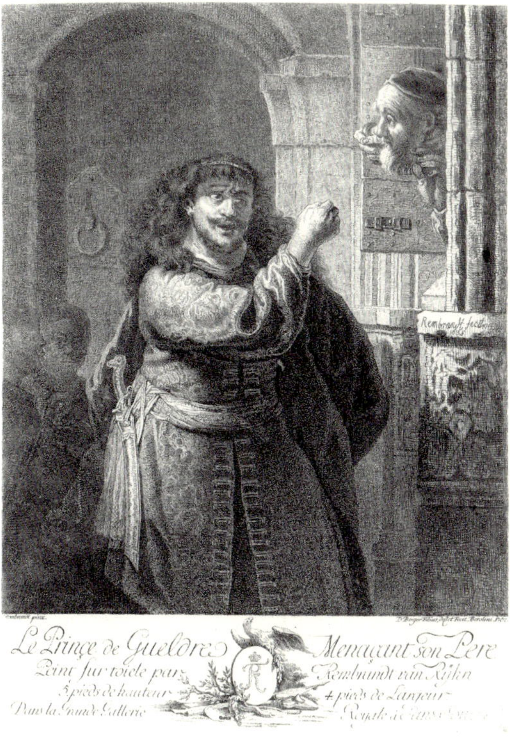

Abb. 9: Trotz Friedrichs Ablehnung religiöser Darstellungen in die Sammlung aufgenommen: Daniel Berger nach Rembrandt, ‚Simson bedroht seinen Schwiegervater' (‚Der Prinz von Geldern').

lich über seine Abneigung gegen religiöse Werke hinwegsah, wenn die Bedeutung des Malers es rechtfertigte. Demgemäß hat er sich im Jahre 1754 in einem Schreiben an einen Agenten geäußert: „Zur Zeit kaufe ich gerne Gemälde von Rubens, von van Dyck, in einem Wort: Gemälde der großen Meister, Flamen wie Franzosen." (Seidel, S. 171)

Auch vom inhaltlichen Aspekt her hatte Friedrich einen stärkeren Bezug zu Darstellungen aus der antiken Geschichte und Mythologie. Marattas Darstellung der *Auffindung von Romulus und Remus* galt für ihn als Inbegriff klassischen Bildungsguts, Romanos *Lancelot und Ginevra* (Abb. 10) steht wie die *Leda* für eine größere Anzahl erotischer Werke in seiner Sammlung.

Die kleinformatigen Werke waren in dem am östlichen Ende des Gebäudes gelegenen Kabinett untergebracht; es waren ‚Kabinettstücke' im ursprünglichen Sinne des Wortes. Hier hing eine große Gruppe von Werken der Brüder van der Werff (Abb. 11). Nachdem über lange Zeit in der holländischen Malerei hauptsächlich Werken des 17. Jahrhunderts ein hoher Wert beigemessen wurde, stoßen die holländischen Maler des frühen 18. Jahrhunderts seit kurzem wieder auf ein breiteres Interesse. Für Friedrich dagegen boten die van der Werffs eine hochgeschätzte Kombination aus holländischer ‚Feinmalerei', klassischer Thematik und akademischem Anspruch. Zumindest zeitweilig muß er den Gemälden der van der Werffs so hohen Rang beigemessen haben, daß er sie gar auf eine Stufe mit denjenigen eines Antoine Watteau gestellt hat.

Auch das ‚aktuellste' Bild der Bildergalerie hing im Kabinett: Batonis *Vermählung Amors und Psyches* aus dem Jahr 1756, das sich seit 1829 in der Berliner Gemäldegalerie befindet. Es war lange Zeit der einzige Vertreter neuester

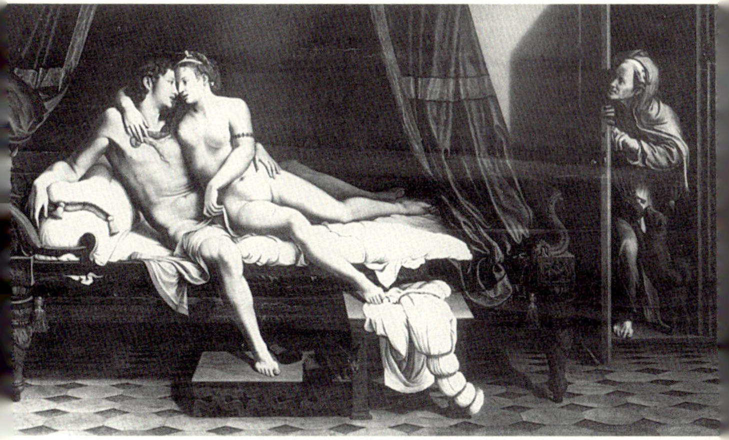

Abb. 10: Giulio Romano (?), ‚Lancelot und Ginevra', Kriegsverlust. Das Gemälde ist auf auch Abb. 4 zu erkennen.

internationaler künstlerischer Tendenzen in der Sammlung.

In der Tat waren die zeitgenössischen Künstler in der Bildergalerie sonst eher unterrepräsentiert. Die wenigen Gemälde Watteaus und Lancrets wirken eher wie ein Überrest aus Friedrichs Sammlung französischer Malerei. Watteau war mit nur zwei Gemälden vertreten – den beiden kleinformatigen Darstellungen der italienischen und der französischen Komödie –, sein Schüler Lancret mit zwei kleinen *fêtes galantes* sowie mit *Diana und Kallisto,* einem seiner ganz seltenen mythologischen Gemälde. Zumindest diese Darstellung paßte thematisch in den Zusammenhang einer repräsentativen Gemäldesammlung, während die Watteau-Szenen wohl eher in überschaubaren Ensembles in den kleineren (Wohn-)Räumen einen passenden Ort gefunden hätten.

Eine neue Systematik

Die Gemälde der Bildergalerie wurden dicht an dicht an der Nordwand der großen Säle (Abb. 13) und an den Wänden des Kabinetts aufgehängt. Diese Art, Gemälde zu hängen, ist inzwischen so ungewohnt, daß sie dem heutigen Besucher häufig als erstes ins Auge springt. Vielen fällt es heute schwer, sich auf einzelne Kunstwerke zu konzentrieren, wenn sie nicht durch freie Wandflächen getrennt voneinander hängen. Deshalb auch wird diese barocke Anordnung heute häufig tadelnd mit dem Beiwort ‚dekorativ' belegt. Diesen negativen Beiklang hat das Wort jedoch erst im 19. Jahrhundert entwickelt. Und erst deutlich später fiel die barocke Bilderhängung unter dieses Verdikt. Im Barock ebenso wie im Rokoko war dies jedoch die übliche Art, Gemälde zu betrachten. Diese Epochen hatten ganz offensichtlich keine Berührungsängste mit dem Dekorativen. Eine dichte Hängung wie in der Bildergalerie bot (und bietet) aber auch noch andere Möglichkeiten, die bewußt genutzt wurden: Auf einer dicht und symmetrisch gehängten Wand lassen sich leicht Beziehungen herstellen, Vergleiche suggerieren und Bedeutungen vermitteln.

So dient die Mitte symmetrischer Gruppen der Hervor-

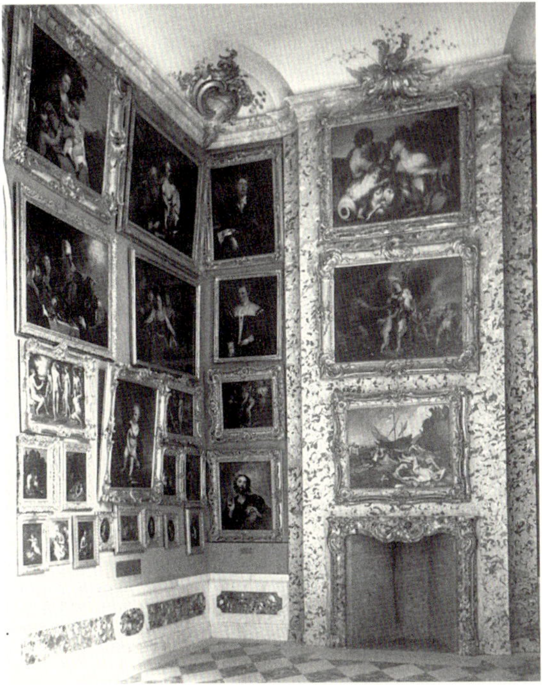

Abb. 11: Eine große Gruppe von Werken der Brüder van der Werff: Innenansicht des Kabinetts nach Nordwesten, 1930er Jahre.

hebung, wie etwa im östlichen Bildersaal, in dem 1763 drei Gemälde mit Zuschreibungen an Leonardo da Vinci, Andrea del Sarto und Raphael das Zentrum der unteren Reihe bildeten. Sie wurden später durch einen Correggio ergänzt. Diese kostbaren und im Rahmen der Bildergalerie auch besonders frühen Werke hatten damit einen ihnen gebührenden Platz erhalten, bilden sie doch die historische Grundlage der Sammlung in diesem Raum. Die Dreiergruppe wurde bekrönt von Luca Giordanos Gemälde mit dem *Urteil des Paris*, auf dem der Hirtensohn Paris unter den Göttinnen Venus, Juno und Minerva die Schönste auswählen muß. Eben hierzu wurde der Betrachter nun im Hinblick auf die drei Bilder der großen Meister aufgefordert, ihre besonderen Qualitäten zu entdecken und zu vergleichen – um am Ende schließlich auch der Frage nachzugehen, ob ein Luca Giordano als Meister des 17. Jahrhunderts dem Vergleich mit den Klassikern standhalten würde. – Ein höchst suggestives Arrangement.

Im westlichen Bildersaal stand die Macht der Liebe im Zentrum: Eine Werkstatt-Version von Rubens' *Liebesgarten* nahm die zentrale Position ein, bekrönt von van Thuldens *Triumph der Venus* (ein Werk, das damals Diepenbeck zugeschrieben wurde). Dies kann als inhaltliche Aussage Friedrichs interpretiert werden. Aber auch hier wird der Betrachter zu darüber hinausgehenden Fragen eingeladen: Ist van Thuldens allegorische Darstellung der konkreten in Rubens' Gemälde vorzuziehen? Kann der Rubens-Schüler mit seinem Vorbild mithalten? Und nicht zuletzt stellt die-

Abb. 12: Als Verbindung holländischer ‚Feinmalerei' und akademischem Anspruch von Friedrich hochgeschätzt: Adriaen van der Werff, Die beiden Heiligen Familien.

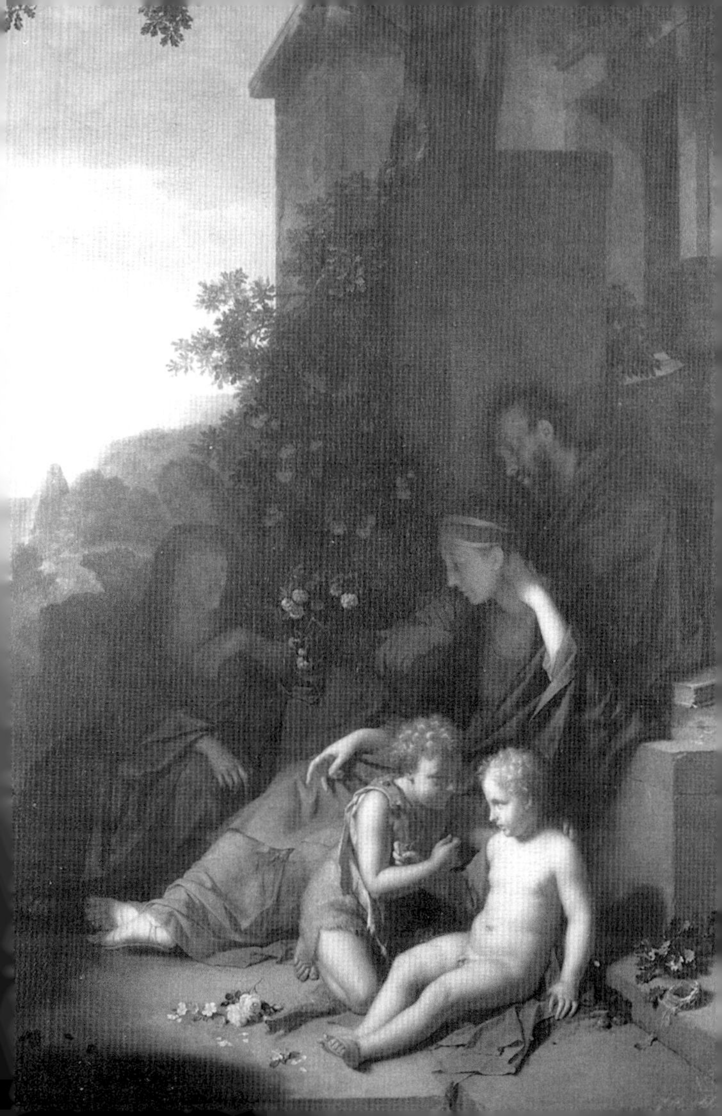

ses Arrangement auch eine Hommage an den in Friedrichs Augen wohl wichtigsten Maler dar, an Antoine Watteau. Denn Rubens' Liebesgarten bildete den Ausgangspunkt für Watteaus *fêtes galantes*, die in großer Zahl in Friedrichs Schlössern hängen. Es kommt nicht von ungefähr, daß der Erwerb von Watteaus Hauptwerk dieser Gattung, die *Einschiffung nach Cythera*, etwa in die Zeit fällt, in der diese Hängung vorgenommen worden ist.

Ebenso große Bedeutung, wie der Positionierung der Bilder im Zentrum beigemessen wurde, kam auch der Anordnung in symmetrischen Paaren zu. So entsprachen sich seitlich des italienischen Renaissance-Dreigestirns zwei Gemälde des Venezianers Tizian, über denen ursprünglich auch zwei Werke seines Landsmannes Andrea Celesti hingen. Inhaltlich schlüssig ergänzten sich weiter außen in der oberen Reihe zwei Liebschaften Jupiters: Correggios berühmte Darstellung der *Leda* (Abb. 7) und Guido Renis *Entführung der Europa* (Abb. 16). Vor diesem Hintergrund muß die Gegenüberstellung von Guido Renis *Toilette der Venus* mit Carlo Marattas *Jungfrau Maria* als eine bewußt despektierliche Note gewertet werden, zumal ursprünglich deren Stelle ganz passend von einer Darstellung, die Mars und Venus zeigte, eingenommen worden war. Friedrichs Distanz zu religiösen Darstellungen geht deutlich aus einem Brief an seinen Kammerdiener Fredersdorf vom Juli 1754 hervor: Er wolle „[...] hübsche große Tableau de galerie, aber keine huntzfotiesche heilige, die Sie märteren, aber stücke aus der Fabel oder historie" (zit. bei Henschel-Simon, S. 11).

Während die der barocken Hängung innewohnenden Ausdrucksmöglichkeiten heute besonderer Erläuterung bedürfen, erscheint uns zunächst ein anderer Zug der Bil-

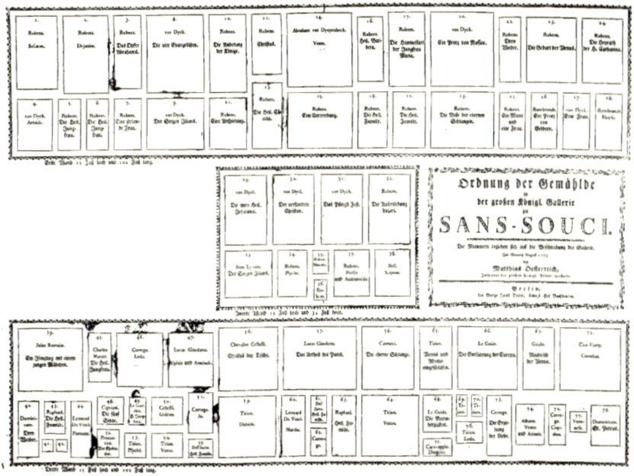

Abb. 13: In barocker Dichte: Matthias Oesterreich, Hängeplan der Bildergalerie, 1773 oder später.

dergalerie ganz selbstverständlich, der zur Zeit ihrer Einrichtung eine Revolution bedeutete: In den drei Hauptsälen der Galerie waren die Gemälde nach unterschiedlichen Schulen getrennt angeordnet – niederländische Malerei im westlichen und mittleren Saal, Werke italienischer Meister im östlichen. Nur in dem sich daran anschließenden Kabinett mischten sich die Schulen. Dieses System, das heutzutage aus nahezu jedem Kunstmuseum der Welt geläufig ist, hat sich erst im späten 18. Jahrhundert herausgebildet. Tatsächlich gilt die Bildergalerie in Sanssouci als die erste

Gemäldesammlung, in der diese Ordnung systematisch durchgeführt wurde. Damit nimmt sie eine wichtige Position auf dem Weg zum modernen Kunstmuseum ein. Ihr Übergangscharakter wird dabei nicht zuletzt auch dadurch sinnfällig, als hier der Versuch unternommen wurde, das traditionelle Element der barocken Hängung mit der neuen Idee, jener Ordnung nach Schulen, zu vereinigen. Durch diese Maßnahme allerdings büßte das barocke Arrangement bereits einige seiner Möglichkeiten ein, da beispielsweise nun nicht mehr der Vergleich verschiedener Schulen an einer Wand möglich war, wie es seinerzeit etwa noch die Pariser Akademie der Künste für die Galerie im Palais du Luxembourg gefordert hatte. Gleichwohl sind hiermit erstmals die Weichen für eine systematisch-historische Kunstbetrachtung gestellt worden.

Die Entwicklung zur akademischen Galerie

In den frühen Illustrationen Adolph Menzels zu Kuglers *Geschichte Friedrichs des Großen* erscheint die Bildergalerie als Symbol der königlichen Kunstpflege (Abb. 14). Sie war Teil der königlichen Residenz und unterstand während der Regierung Friedrichs des Großen dem Hofmarschallamt; verwaltet wurde sie von einem Galerieinspektor. Diese direkte Einordnung in die Organisation und den Betrieb des königlichen Hofes bedeutete jedoch nicht, daß die Galerie für die Öffentlichkeit unzugänglich war. Von jeher konnte sie, ebenso wie der königliche Park von Sanssouci und viele seiner Schlösser, besichtigt werden – grundsätzlich von jedermann, sofern er in angemessener Kleidung beim Galerieinspektor vorsprach. Von diesem wurde der

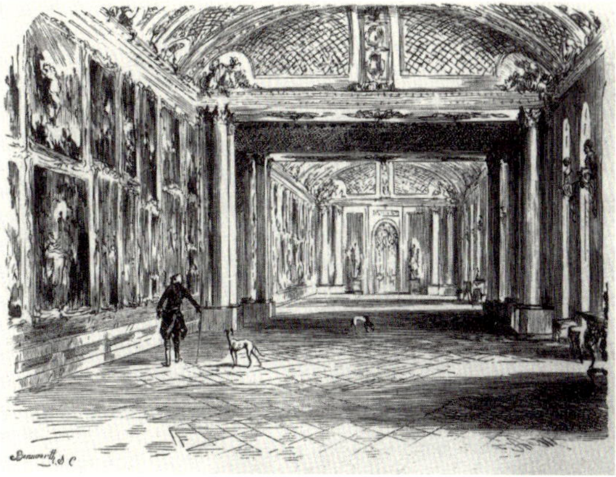

Abb. 14: Die Bildergalerie als Symbol königlicher Kunstpflege: Adolph Menzel, ‚Das Innere der Bildergalerie mit Friedrich II. und seinen Windspielen', Holzschnitt-Illustration zu Kuglers ‚Geschichte Friedrichs des Großen', 1842.

Besucher dann gegen ein kleines Trinkgeld durch die Bildergalerie geführt. Gerade dieses Entgelt und die Kleideretikette schlossen allerdings große Teile der Bevölkerung von der Besichtigung aus. So werden es vor allem das Berliner und Potsdamer Bürgertum sowie (per Definition wohlhabendere) Reisende gewesen sein, die die Bildergalerie besucht haben.

Die Position eines solchen Galerieinspektors bekleidete 1757-1778 der aus Dresden stammende Matthias Oesterreich. Er war es, der erste Schritte unternahm, die Kunstschätze der Bildergalerie einem breiteren Publikum zugänglich zu machen, indem er die beiden ersten, in den Jahren 1764 und 1770 erschienenen Galeriekataloge veröffentlichte, die als Führer für Besucher vor Ort gedacht waren und heute als wichtigste Quelle für die frühen Jahre der Galerie gelten. Nach seinem Tod wurde die Stelle von Friedrich nicht wiederbesetzt – ein deutliches Zeichen dafür, daß er die Arbeit an der Sammlung für abgeschlossen hielt.

In eine grundlegend neue Form der Öffentlichkeit überführt wurde die Galerie schließlich unter Friedrichs Nachfolger Friedrich Wilhelm II. (1744-1797), der 1786 die Regierung übernommen hatte. Er löste die Bildergalerie von Sanssouci 1787 zusammen mit der Galerie im Berliner Schloß aus der Hofverwaltung heraus und unterstellte sie direkt der Berliner Akademie der Künste. Dieser Schritt erscheint rückblickend als revolutionär, sollte damit doch die königliche Kunstsammlung als öffentliche Ressource genutzt und verwaltet werden. Für die Akademie der Künste waren die beiden Bildergalerien als Vorbildersammlungen bei der Künstlerausbildung gedacht – eine Funktion, die Gipsabguß- und Kunstsammlungen von jeher an den Kunstakademien erfüllten.

Die Berliner Akademie – mit ihrer Gründung im Jahr 1696 eine der ältesten Institutionen ihrer Art in Europa – hatte aufgrund fehlender staatlicher Förderung seit 1713 über Jahrzehnte nur noch formal existiert. Erst 1786, im letzten Regierungsjahr Friedrichs des Großen, hatte der preußische Minister Heinitz einen neuen Anlauf unternommen, um sie zu einer effektiven Ausbildungsinstitution aufzubauen. Hintergrund war der Wunsch, Preußen auf dem Gebiet der Kunstproduktion, insbesondere der

Graphik, des Kunsthandwerks und der Architektur, auf den internationalen Märkten konkurrenzfähig zu machen. Dafür mußte sich die Künstlerausbildung an internationalen Normen orientieren. Wie zuvor schon an der Pariser wurde es nun auch an der Berliner Akademie üblich, sich mit den Kunstwerken in der königlichen Sammlung auseinanderzusetzen.

Wichtiger aber noch war, daß seit 1786 fortgeschrittene Studenten nun auch in der Bildergalerie des Berliner Schlosses die Gemälde kopieren durften. 1787 wurde der Potsdamer Maler Johann Gottlieb Puhlmann zum Inspektor beider Galerien ernannt und direkt der Akademie unterstellt. Seit dieser Zeit sind die beiden Bildergalerien akademische Sammlungen und wurden regelmäßig zum Kopieren und für den theoretischen Unterricht genutzt. In der Berliner Galerie hielt Karl Philipp Moritz ab 1789 öffentliche Vorlesungen zur Kunsttheorie und -geschichte, der praktische Unterricht lag vorwiegend in den Händen des Malers Johann Christoph Frisch. In Potsdam war gewöhnlich Puhlmann selbst für den Unterricht zuständig.

Im Reglement der Akademie von 1790 wurde im Hinblick auf die Galerien festgelegt: „Soll den akademischen Eleven und andern hiesigen und fremden Künstlern, wenn sie sich deswegen bey der Akademie gehörig gemeldet haben, ferner wie bisher verstattet seyn, in den Sommermonaten nach den Gemählden auf Unsern Gallerien zu Berlin und Potsdam zu kopiren." (zit. bei Eckhardt 1981, S. 147) Puhlmann war beauftragt worden, beide Galerien für die Zwecke des Unterrichts neu zu arrangieren und Kataloge zu veröffentlichen. Allerdings ist nur sein Katalog für die Berliner Bildergalerie 1790 erschienen; die vorgesehene Umhängung wurde dagegen nie vorgenommen, und sein Potsdamer Katalog ist nicht über das Stadium eines Manuskripts hinausgekommen. Gleichwohl aber demonstriert das Titelblatt des Berliner Katalogs deutlich die Zielsetzung seiner Bemühungen: Es ging um die Pflege und Unterstützung der Malerkunst, wie sie auf dem Frontispiz als Allegorie zu sehen ist (Abb. 15).

Der mit der Unterstellung der beiden Bildergalerien unter die Berliner Akademie der Künste eingeleitete allmähliche Wandel der Galerie zu einem Kunstmuseum sollte allerdings schon bald eine Unterbrechung erfahren. Denn zwischen 1802 und 1805 übernahm das Hofmarschallamt stillschweigend wieder die Kontrolle. Damit war der weitblickende Schritt Friedrich Wilhelms II. vorerst zurückgenommen und die Bildergalerie von Sanssouci wieder zu einem Teil der königlichen Schlösser geworden.

Potsdamer Kunstwerke in Paris

Die Idee eines öffentlichen Kunstmuseums, seit längerer Zeit an verschiedenen Orten Europas diskutiert, erhielt durch die Französische Revolution schlagartig eine neue Qualität. Im Pariser Louvre wurde das Musée Central als erstes uneingeschränkt öffentliches Kunstmuseum mit dem heute üblichen Stab von Kuratoren und Restauratoren eingerichtet. Seine Sammlungen basierten auf dem verstaatlichten königlichen Kunstbesitz, Werken aus Adelssammlungen und Kirchen.

Während der Revolutionskriege wurde die Pariser Sammlung – und später auch die Museen in den französischen Provinzhauptstädten – um Kunstwerke ergänzt, die von der französischen Armee in den besetzten Gebieten

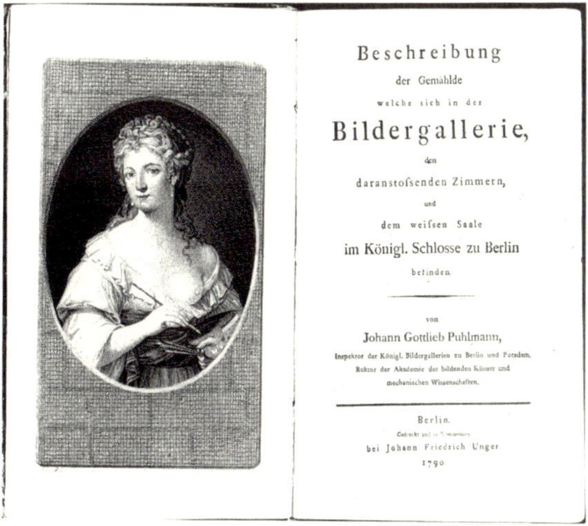
Beschreibung
der Gemählde
welche sich in der
Bildergallerie,
den
daranstofsenden Zimmern,
und
dem weifsen Saale
im Königl. Schlosse zu Berlin
befinden.

von
Johann Gottlieb Puhlmann,
Inspektor der Königl. Bildergallerien zu Berlin und Potsdam,
Rektor der Akademie der bildenden Künste und
mechanischen Wissenschaften.

Berlin.
bei Johann Friedrich Unger
1790

Abb. 15: Allegorie der Malkunst von Johann Gottlieb Puhlmann, Titelseite des Katalogs der Bildergalerie im Berliner Schloß, 1790.

beschlagnahmt worden waren. Nach den Niederlanden und Italien geriet schließlich auch Preußen ins Visier der französischen Eroberungspolitik. Die an sich vorherzusehende Niederlage am 14. Oktober 1806 in der Schlacht bei Jena und Auerstedt und die damit verbundene Unterwerfung unter Napoleon versetzte das Land gleichwohl in einen Schockzustand. Obwohl der Kunstraub der französischen Armee bekannt war, wurden erst zwei Tage vor der Schlacht die ersten Auslagerungen in den Königsschlössern vorbereitet. Ein erster Transport mit Gemälden aus dem Berliner Schloß konnte gerade noch rechtzeitig auf den Weg nach Ostpreußen gebracht werden. Der zweite, nahezu zeitgleich zusammengestellte Transport, in dem sich auch 62 Gemälde aus der Potsdamer Bildergalerie befanden, wurde in Küstrin von den Franzosen abgefangen.

Vivant Denon, der als einer der bedeutendsten Kunstkenner seiner Zeit galt und von Napoleon mit der Organisation des Kunstraubes betraut worden war, folgte der Armee gleichsam auf den Fersen. Bereits am 10. November 1806 inspizierte er die Bildergalerie von Sanssouci. Puhlmann war seinerseits nicht untätig geblieben und hatte versucht, durch eine neue Bilderhängung die Spuren der Verlagerungen zu verwischen. So wählte Denon zunächst nur ein Gemälde aus der Bildergalerie sowie einige antike Skulpturen aus, darunter die berühmte *Knöchelspielerin*. Kurze Zeit später erfuhr er jedoch von jenem in Küstrin beschlagnahmten Transport, von dem er 53 aus der Bildergalerie stammende Gemälde requirieren ließ.

In Paris wurde 1807 ein Teil der erbeuteten Kunstschätze in einer Sonderausstellung dem Publikum vorgestellt und bald darauf den Beständen des Louvre einverleibt. Weitere Werke wurden an Museen und Institutionen in der französischen Provinz weitergereicht – oder gegen andere Kunstobjekte getauscht. Auf diesem Wege gelangten zwei Gemälde aus der Potsdamer Bildergalerie – Werke von Jordaens und van Dyck – in den Besitz der Mailänder Brera-Galerie; sie befinden sich noch heute dort.

Immerhin ist dieser Raub auch einigen der Bilder zugute

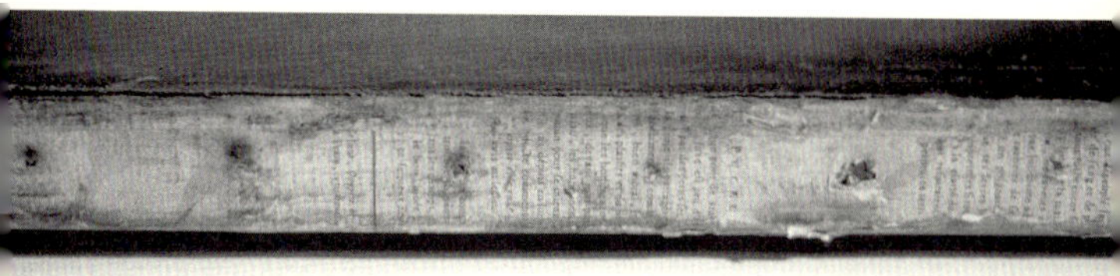

Abb. 16: Aufgeklebtes, in französischer Sprache bedrucktes Papier am Rand eines Gemäldes aus der Bildergalerie von Francesco Gessi nach Guido Reni mit dem Raub der Europa, das bei einer Restaurierung in Paris zwischen 1806 und 1815 angebracht worden ist.

gekommen, verfügte man in Paris doch über die seinerzeit fortgeschrittensten Restaurierungstechniken. Diese Maßnahmen lassen sich an den Gemälden der Galerie von Sanssouci zum Teil noch heute ablesen (Abb. 16).

Die Rückführung der Kunstwerke nach dem Sieg über Napoleon 1814 erwies sich als ungewöhnlich schwierig. Da die Alliierten die Regierung des neu eingesetzten Ludwig XVIII. nicht schwächen wollten, sollten diese Maßnahmen keine größere Aufmerksamkeit in der französischen Öffentlichkeit erregen. Diese Situation nutzte Denon dazu, die Rückgabe vieler Werke hinauszuzögern oder gar zu verhindern; bis zum Herbst des Jahres 1814 waren deshalb erst 39 Gemälde zurückgegeben worden. Erst nach Napoleons Niederlage 1815 in der Schlacht bei Waterloo trat die preußische Regierung bei der Rückgabeforderung mit größerer Entschiedenheit auf. Unter Androhung von Waffengewalt wurden nun die noch fehlenden Werke aus dem Louvre geholt und nach Berlin transportiert. Dort fand noch im Oktober 1815 in der Akademie der Künste eine Ausstellung statt, in der dem Berliner Publikum die wiedergekehrten Kunstwerke präsentiert wurden. Damit war der königliche Kunstbesitz endgültig zur öffentlichen Angelegenheit geworden.

Potsdamer Kunstwerke in Berlin

Nachdem die Bildergalerie 1787 der Akademie der Künste unterstellt und damit formell der Befugnis des Hofmarschallamtes entzogen worden war, wurde auch in Berlin die Idee diskutiert, im Zentrum der Hauptstadt ein öffentliches Kunstmuseum zu gründen, das neben Gemälden auch antike Skulpturen, Zeichnungen und weitere Schätze aus den königlichen Sammlungen aufnehmen sollte. Mit dem Tod Friedrich Wilhelms II. im Jahre 1797 gerieten die Planungen zunächst einmal ins Stocken; sein Nachfolger Friedrich Wilhelm III. (1770-1840) hatte vor allem finanzielle Einwände gegen das Vorhaben.

Nach der Rückkehr der Kunstwerke aus Paris änderte sich die Situation, waren die Werke doch „durch die Tapferkeit der vaterländischen Truppen wieder erobert worden" (Eckhardt 1986, S. 141). In einer Zeit patriotischer Gefühle hatten sie an Symbolkraft gewonnen und wurden nun auch als ‚vaterländischer' Besitz begriffen.

Zudem war man in den Kreisen preußischer Reformer zu der Überzeugung gelangt, daß für die innere Erneuerung und den Wiederaufstieg Preußens auch die Förderung von Forschung und Bildungswesen notwendig sei. In seiner Denkschrift *Über die Leitung des Preußischen Staats* von 1807 hatte Altenstein diese Idee bereits formuliert: „Es läßt sich begreifen: wie durch sie [Wissenschaft und Kunst auf höherer Ebene] das Studium lebendig und kräftig wird, der Mensch sich solchem und der Erfüllung dessen was er für Pflicht erkennt, ganz mit Liebe und Aufopferung alles Andern hingiebt und wie die schönen Künste die Sinnlichkeit ergreifen, sie zu höhern Gefühlen zu veredlen und diese selbst dadurch aufs Höchste gebracht werden" (Stein zum Altenstein).

Diese Einsicht, verbunden mit dem neuen Gefühl des Patriotismus, führte fast notwendig zur Wiederaufnahme der Museumspläne für Berlin, zumal mit dem unter Napoleon gegründeten Louvre sich nunmehr ein großes Vorbild etabliert hatte, das regelrecht zum Wallfahrtsort europäischer Intellektueller avanciert war. Zunächst wurde der Umbau des Akademiegebäudes Unter den Linden – an der Stelle der heutigen Staatsbibliothek gelegen – zum Museum beschlossen. Als die baulichen Probleme immer offensichtlicher wurden, erhielt Schinkel 1823 den Auftrag, einen Neubau am Lustgarten – das heutige Alte Museum – zu errichten.

Nach mehreren Anläufen erzielte die von Wilhelm von Humboldt geleitete Kommission schließlich 1829 eine Einigung über die Auswahl der Kunstwerke, die aus den Schlössern in das Museum überführt werden sollten. 56 der 347 ausgewählten Gemälde stammten dabei aus der Potsdamer Bildergalerie, die damit ein knappes Drittel ihres Bestandes abtreten mußte. Während nämlich die Auswahlkommisson in den bewohnten Schloßräumen stärkere Rücksicht auf den Hof nehmen mußte, konnte sie in den Bildergalerien in Sanssouci und im Berliner Schloß nahezu uneingeschränkt nach ihren Vorstellungen verfahren. Es waren daher vor allem die Hauptwerke, die in das Museum gebracht wurden: Rubens' große *Auferweckung des Lazarus*, die *Heilige Cäcilie* und sein kleines *Porträt eines Kindes mit Vogel*, das heute zu den populärsten Werken der Berliner Gemäldegalerie gehört; ferner von van Dyck die drei großen Altäre aus der Abtei Ter Duinen, Rembrandts *Simson bedroht seinen Schwiegervater* (damals *Prinz von Geldern* genannt, Abb. 9), der *Moses* und das *Selbstbildnis mit Samtbarett*. Als wichtigster Vertreter der italienischen Malerei ging Correggios *Leda* (Abb. 7) an das Museum. Auch die beiden Watteaus der Bildergalerie wählte die Kommission für das Museum aus; die übrigen in den preußischen Schlössern befindlichen Gemälde dieses Meisters hingegen beließ sie an ihrem Ort.

Gleichwohl hat die Kommission viele aus heutiger Sicht wichtige Werke in Potsdam zurückgelassen – ein Zeichen dafür, wie sehr die Einschätzungen künstlerischer Bedeutung vom jeweiligen Zeitgeschmack diktiert werden, die Urteile über Kunst dem Wandel der Zeiten unterworfen sind. Die Kunst des Manierismus und des italienischen Barock etwa waren bei weitem nicht so geschätzt wie heute. Aus diesem Grund blieben unter anderen Ciro Ferris *Römerinnen vor Coriolan* oder Procaccinis *Christus und die Ehebrecherin* zurück – Werke, die man heute nur zu gerne in der Berliner Gemäldegalerie willkommen heißen würde.

Als Ersatz erhielt die Bildergalerie 81 Gemälde. Ein Großteil davon hatte zuvor im Berliner Schloß gehangen oder stammte aus zwei großen Privatsammlungen, die Friedrich Wilhelm III. für das neue Museum erworben hatte: die Sammlung der römischen Adelsfamilie Giustiniani und die des englischen Kaufmanns Edward Solly. Da nicht alle Gemälde aus diesen Sammlungen in das

Museum aufgenommen worden waren, gelangte 1829 eine größere Zahl als Ausgleich für die Abgaben in die Schlösser, um die entstandenen Lücken zu füllen. Daß es sich dabei zumeist um als weniger bedeutend geltende Werke handelte, liegt auf der Hand. Immerhin aber gelangte auf diesem Weg Regnieris *Christus in Emmaus* aus der Sammlung Giustiniani in den Bestand der Bildergalerie, das noch heute eines der Hauptstücke der Sammlung darstellt.

Der Traum von der alten Bildergalerie

Mit der Überführung der Kunstwerke an das Berliner Museum hatte der systematische Aufbau dieser neuen Institution Vorrang erhalten vor einem Erhalt der Schloßsammlungen. Zumindest ein Teil ihrer Reichtümer sollte nun unmittelbar der Bildung der Gesellschaft und der Forschung dienen und im neu entdeckten Sinnzusammenhang der Kunstgeschichte präsentiert werden. Dieser Grundgedanke, aus den Idealen der preußischen Reformen hervorgegangen, hätte im Preußen Friedrich Wilhelms IV. (1795-1861) beinahe nochmals einen Rückschlag erfahren.

Dieser hatte bereits in seiner Zeit als Kronprinz die Museumsgründung wesentlich unterstützt und bald nach seiner 1840 erfolgten Krönung den Umbau der nördlichen Spreeinsel „zu einer Freistätte für Kunst und Wissenschaft" verfügt (zit. bei Festschrift, S. 53). Doch noch in den Jahren vor seiner Regierungsübernahme muß sich sein Verhältnis zu den Museen allmählich gewandelt haben, was seine Ursache in den unvereinbaren Idealen und Vorstellungen hatte, die ihn zunehmend beherrschten. Seine neo-absolutistische Vorstellung vom Königtum ignorierte weitgehend die veränderten gesellschaftlichen und wirtschaftlichen Bedingungen der Zeit. Als Heilmittel gegen eine unbewältigte und andauernde Gegenwart des Revolutionsgedankens trat er für eine romantisch-verklärte Idee eines autoritären Urchristentums ein, das für ihn identisch war mit den Idealen des Protestantismus. Zum anderen suchte er den Rückgriff auf die glanzvolle Epoche jenes denkbar atheistischen Friedrichs des Großen.

Auf diese Weise konnte Friedrich Wilhelm IV. an die Tradition der Friedrichsverehrung anknüpfen, die nach dessen Tod 1786 aus den Reihen des Bürgertums hervorgegangen war, das diesen mit dem Nimbus eines aufgeklärten und bürgerlich-intellektuellen Herrschers versah – eine Sichtweise, die ihren bedeutendsten künstlerischen Ausdruck in den Friedrichdarstellungen Adolph Menzels gefunden hat. Die Verehrung aber, die Friedrich Wilhelm IV. seinem großen Vorfahren entgegenbrachte, legte den Akzent weniger auf die bürgerlichen als vielmehr auf die absolutistischen Traditionen. Sie zielte nicht auf die Aufklärung, sondern auf die Wiederherstellung des alten Glanzes preußischen Königtums.

In diesem Lichte sollte nun auch die Bildergalerie von Sanssouci neu erstrahlen. Um die Tage Friedrichs des Großen wieder herauf zu beschwören, versuchte Friedrich Wilhelm IV., das Rad der Zeit zurück zu drehen: Unmittelbar nach seiner Thronbesteigung erließ er die Kabinettsordre, daß das Berliner Museum die ursprünglich zum Bestand der Potsdamer Galerie gehörenden Gemälde wieder zurückerstatten sollte, damit sie hier wieder in der gleichen Manier wie zur guten alten friderizianischen Zeit aufgehängt werden konnten.

Nach langen Auseinandersetzungen zwischen dem

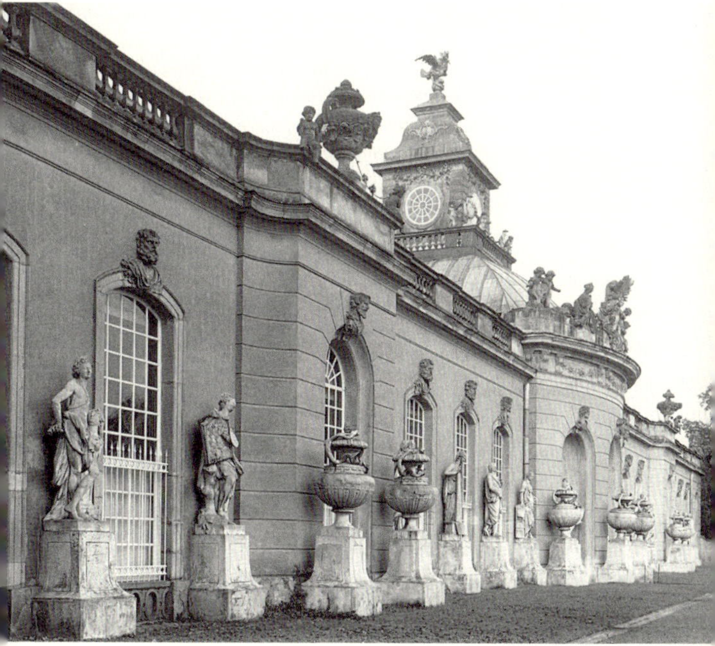

Abb. 17: Die Gartenfassade der Bildergalerie von Südwesten.

König und der Leitung der Berliner Museen konnte sich der Direktor der Gemäldegalerie, der Kunsthistoriker Gustav Friedrich Waagen, schließlich durchsetzen und erreichen, daß alle Bilder im Museum verblieben. Damit hatte sich die neue Institution des öffentlichen Kunstmuseums gegen die restaurativen Vorstellungen Friedrich Wilhelms IV. behauptet – auch dies ein Indiz für die sich allmählich wandelnden Kräfteverhältnisse in Preußen.

Ein ähnlicher Vorstoß, dieses Mal aber mit Unterstützung der Berliner Museen, wurde 1906 unternommen – und er war von Erfolg gekrönt. Dabei wurde ein wichtiger Teil des 1829 überführten Gemäldebestandes an die Bildergalerie zurückgegeben, teils weil die Museen inzwischen bedeutendere Werke derselben Maler erworben hatten, teils aber auch infolge der für diese Zeit typischen Unterschätzung der barocken Malerei.

Die Bildergalerie zur Zeit der Schlösserverwaltung

Nach der Abdankung des letzten deutschen Kaisers und preußischen Königs, Wilhelms II., waren die preußischen Schlösser zunächst herrenlos. Nach der Revolution von 1918/19 bedurfte es einer ganzen Reihe von Jahren, bis die Trennung zwischen Staatseigentum und dem Privateigentum der Hohenzollern juristisch vollzogen war. Denn in bemerkenswert zögerlicher Weise hatte man es in der Weimarer Republik vermieden, eine komplette Enteignung der Hohenzollern-Familie vorzunehmen; einen künstlerisch wichtigen Teil des Schlösserinventars hatte Wilhelm II. sogar noch in seinen niederländischen Exilsitz in Doorn verbringen lassen können. Dieser unentschlossenen Haltung zum Trotz ist es ein großes Verdienst der neuen deutschen Regierung gewesen, dem Erhalt des künstlerischen Zusammenhangs der Schlösser hohe Priorität eingeräumt zu haben. Werke, die in engem Bezug zur Innendekoration einzelner Räume standen, sollten nicht aus den Schlössern entfernt werden. So etwa galten das Schloß Sanssouci und die Bildergalerie als nahezu unantastbar.

Um das künstlerische Erbe der Schlösser zu sichern, zu erforschen und zu verwalten, wurde 1926 die Verwaltung der Staatlichen Schlösser und Gärten gegründet, der die wichtigsten preußischen Königsschlösser, von Stolzenfels am Rhein bis zum Königsberger Schloß, unterstanden. Zur Schlösserverwaltung gehörten auch die Schlösser in Berlin, Charlottenburg und Potsdam. In den ersten Jahren nach der Gründung entfaltete die Verwaltung eine enorme Aktivität, publizierte Führer und Kataloge und nahm an den Schlössern restauratorische und konzeptionelle Eingriffe vor.

Dabei nahm die Frage nach einem Umgang mit der preußischen Vergangenheit eine zentrale Stellung ein. Vor dem Hintergrund der Erfahrungen mit der politisch wie moralisch heruntergewirtschafteten Monarchie und unter dem künstlerischen Einfluß der Moderne konzentrierte man sich in der Weimarer Zeit auf die Epochen bis zum Tod Schinkels. Spuren des späteren 19. Jahrhunderts und der Kaiserzeit suchte man aus den Schlössern weitgehend zu entfernen. Als zentrale Epochen der preußischen Kunstgeschichte favorisierte man nun die Schlüter- und die Schinkelzeit sowie das friderizianische Rokoko.

Diese Entwicklung hatte für die Bildergalerie zur Folge, daß die Schlösserverwaltung bald damit begann, den Innenraum wieder weitgehend dem Zustand der Epoche

Friedrichs des Großen anzunähern. Die Ausgangsbasis hierfür war günstig: Der friderizianische Gemäldebestand war durch die 1906 erfolgte Rückführungsaktion in großen Teilen wiederhergestellt. Hinzu kam, daß sich die Wertschätzung des Barock inzwischen gewandelt hatte. Es war ganz wesentlich ein Verdienst von Hermann Voss, einem Kurator der Berliner Gemäldegalerie, daß sich die kunsthistorische Forschung zunehmend auch der italienischen und französischen Barockmalerei annahm.

Damit gewann die Bildergalerie eine neue Bedeutung. Hinzu kam, daß man 1929 weitere Werke von den Berliner Museen zurückerlangen oder als Leihgabe gewinnen konnte, so daß nur noch wenige, allerdings zentrale Werke des friderizianischen Bestandes fehlten, wie etwa Correggios *Leda* oder die drei Gemälde Rembrandts. Auf dieser Grundlage wurde es nun möglich, sich weitgehend wieder der Methode der friderizianischen Bilderhängung anzunähern; für einzelne fehlende Werke wurden Ersatzbilder präsentiert. Mit dieser Entwicklung setzte die systematische Erforschung der Bildergalerie ein, die sich in ersten Veröffentlichungen der Schlösserverwaltung niederschlug.

Neben der Rekonstruktion der frühen Gemäldeanordnung wurde auch der Gesamteindruck des Raumes verändert. Die zahlreichen Zutaten des späten 19. Jahrhunderts – es handelte sich hauptsächlich um Skulpturen – wurden entfernt, eine Maßnahme, die nach langen Jahren die großzügige Weite des Raumes neu zutage treten ließ. Auf diese Weise avancierte die Bildergalerie von Sanssouci zu einem der wichtigsten Zeugnisse der Sammlungs- und Kunstgeschichte des 18. Jahrhunderts.

Dieser rekonstruierte Zustand jedoch dauerte nur wenige Jahre an. Dennoch hat er das Bild der Galerie nach

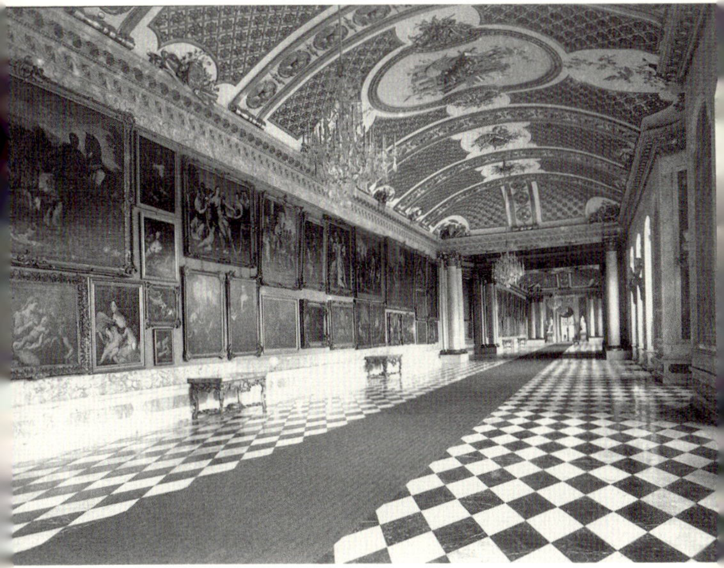

Abb. 18: Die Harmonie in Gelb-Gold war zerbrochen: Das Innere der Bildergalerie 1969.

wie vor maßgeblich geprägt, da er nach 1930 in einer ausführlichen Photokampagne dokumentiert wurde. Diese Aufnahmen ermöglichen es bis heute, sich einen Eindruck auch von der friderizianischen Galerie zu verschaffen.

Krieg und Verluste

Wie das Schloß Sanssouci und die Neuen Kammern hat auch die Bildergalerie den Zweiten Weltkrieg relativ unbeschadet überstanden. Die größte Gefahr drohte ihr in der unmittelbaren Nachkriegszeit, als die Provinzialverwaltung der Mark Brandenburg plante, das Gebäude als Theater zu nutzen, was erhebliche Umbauten erforderlich gemacht hätte. Die Umsetzung dieses Plans konnte durch Ernst Gall, den Direktor der Schlösserverwaltung, verhindert werden.

Weit schwerer von den Kriegsfolgen betroffen waren die Kunstwerke selbst. 1942 hatte die Schlösserverwaltung den gesamten Bestand der Bildergalerie nach Schloß Rheinsberg ausgelagert. Nur zehn Gemälde kehrten nach Potsdam zurück, der Rest wurde von der Roten Armee in die Sowjetunion transportiert, eine kleinere Zahl von Werken fiel privaten Plünderern in die Hände. 1958 gab die Sowjetunion einen Teil der geraubten Kunstwerke an die DDR zurück. Auch in den darauffolgenden Jahrzehnten fanden noch einzelne Werke ihren Weg zurück in die Bildergalerie. Trotzdem fehlen bis heute 99 Gemälde aus dem Vorkriegsbestand, darunter das Giulio Romano zugeschriebene Werk *Lancelot und Ginevra* (Abb. 10), Rubens' *Tarquinius und Lukrezia* und Domenichinos *Befreiung des Heiligen Petrus*. Doch es sind nicht nur diese einzelnen Hauptwerke, die man heute schmerzlich vermißt, die Kriegsverluste haben

Abb. 19: Die Bildergalerie während der letzten Restaurierung im Jahr 1996.

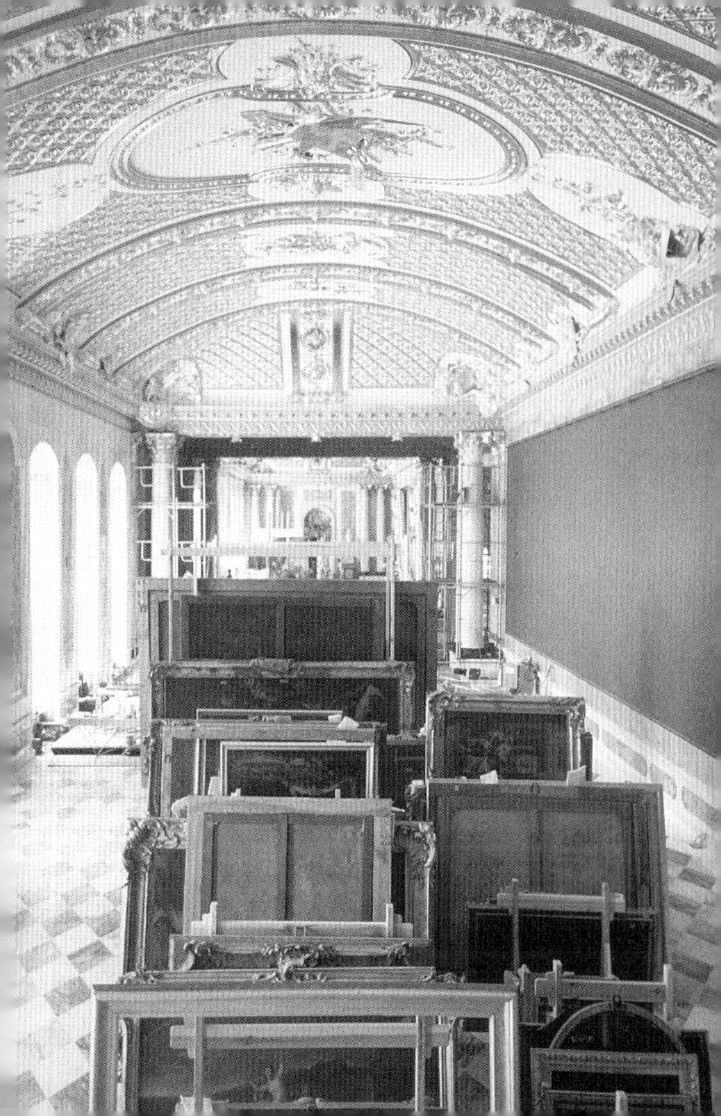

auch das Gleichgewicht der friderizianischen Sammlung gestört. Dem östlichen Bildersaal sind die meisten Großformate abhanden gekommen, deren Fehlen man heute noch unmittelbar spürt. Für den ursprünglichen Eindruck der Bildergalerie fehlt heute auch die Fülle an Werken der Brüder van der Werff, von denen seit 1945 mehrere verschollen sind.

Einige Werke sind inzwischen in russischen Museen gesichtet worden. So ist z. B. Francesco Albanis *Toilette der Venus* 1995 im Puschkin-Museum in Moskau ausgestellt worden. Sein Gegenstück, *Adonis nimmt Abschied von Venus*, ist seit 1958 wieder in der Bildergalerie zu sehen.

Restaurierungen

Die Kriegsschäden an der Bildergalerie konnten bis 1953 beseitigt werden. In den folgenden Jahren wurden umfassende restauratorische Eingriffe am Gebäude vorgenommen, von denen zumindest einer bis heute Rätsel aufgibt: 1961 wurden große Teile des Marmorfußbodens in den Bildersälen und im Kabinett erneuert. Dabei ersetzte man die gelben Felder durch rotbraunen Knollenkalkstein, wie er in der DDR erhältlich war. Der Grund für diese Maßnahme ist möglicherweise darin zu suchen, daß der originale Stein nur als dünne Schicht und auf gewöhnlichen Stein geklebt ausgelegt worden war, was ihn sehr empfindlich gegen Feuchtigkeitsschäden machte; adäquates Ersatzmaterial stand in der DDR jedoch nicht zur Verfügung. Als die Bildergalerie 1963 wieder eröffnet wurde, hatte sich durch das kräftige Rot des Fußbodens und die zusätzlich angebrachten großen Kronleuchter der Raumeindruck stark verän-

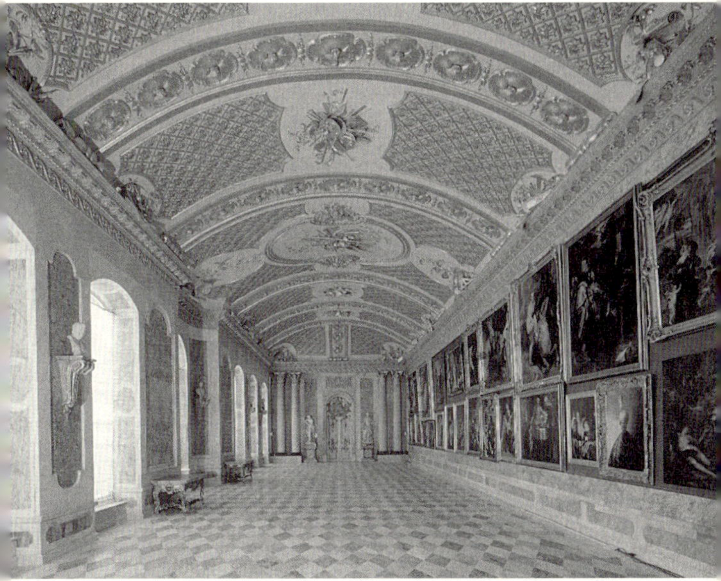

Abb. 20: Wieder in seiner originalen Farbigkeit: der westliche Bildersaal nach der letzten Restaurierung.

dert. Er wirkte schwerer, der einheitliche Farbklang in Gelb-Gold war zerbrochen. Die Kronleuchter lenkten optisch von der Bilderwand ab (Abb. 18).

Doch schon bald war auch der rote Stein stark angegriffen. Aus diesem Grund entschloß man sich, im Rahmen der letzten Restaurierung der Bildergalerie 1993 (Abb. 19), wieder den ursprünglichen, aus italienischen Brüchen stammenden Marmor zu verwenden und auf diese Weise der Galerie zu ihrer einstigen Farbenharmonie zu verhelfen. Auch für das Kabinett wurde ein griechischer grüner Stein gefunden, der dem dort ursprünglich verwendeten Fußboden sehr nahe kommt. Beiden Räumen wurde durch diese Maßnahmen ihre originale Farbigkeit zurückgegeben (Abb. 20).

Die großangelegte Restaurierung der Bildergalerie bot darüber hinaus die Gelegenheit, das Konzept der Bilderhängung von Grund auf neu zu überdenken, zumal inzwischen die Gemälde, die sich nach dem Zweiten Weltkrieg im Schloß Charlottenburg befunden hatten, der Galerie zurückgegeben worden waren – eine für die Bildergalerie wichtige Restitution, befanden sich doch darunter auch zwei Gemälde von Andrea Celesti. Damit ist wieder ein Maler an den Ort zurückgekehrt, an dem er aufgrund seiner hohen Wertschätzung durch Friedrich den Großen immer einen Ehrenplatz beanspruchen durfte.

Für die heutige Einrichtung der Galerie spielen auch Gemälde aus dem Berliner Schloß eine wichtige Rolle. Schon während der Kaiserzeit war die dortige Bildergalerie umgebaut worden. Werke aus dem alten Galeriebestand können seit der Zerstörung des Berliner Schlosses die Lücken in Potsdam schließen helfen, zumal es eine ganze Reihe von Gemälden gibt, die zu verschiedenen Zeiten an beiden Orten gehangen haben – insbesondere Marattas *Auffindung von Romulus und Remus*, das schon Friedrich der Große von seinem Gegenstück, Ferris *Bittgang der Römerinnen*, hatte trennen und in das Berliner Schloß hängen lassen. Dieses Gemäldepaar ist heute wieder in Potsdam vereint. Rubens *Krönung der Diana* war aus dem

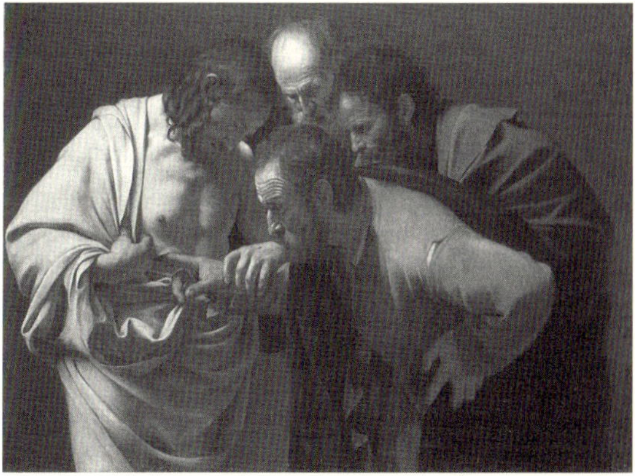

Abb. 21: Eines der Werke, auf die sich der Ruhm der Bildergalerie gründet: Michelangelo Merisi, genannt Caravaggio, ‚Der Ungläubige Thomas.

Besitz der Oranier als Erbschaft nach Preußen gelangt und hing ebenfalls im Berliner Schloß.

Auch nach der Neuhängung ist der Bestand im mittleren und östlichen Bildersaal durch Gemälde bestimmt, die in friderizianischer Zeit dort nie aufgehängt worden wären, darunter das heute berühmteste Werk der Sammlung, Caravaggios *Ungläubiger Thomas* (Abb. 21) aus der Sammlung Giustiniani. Eine Gruppe von Werken Caravaggios und seiner Schüler an so zentralem Ort steht in grundlegendem Widerspruch zum Charakter der Gemäldesammlung Friedrichs des Großen, den der demonstrative Realis-

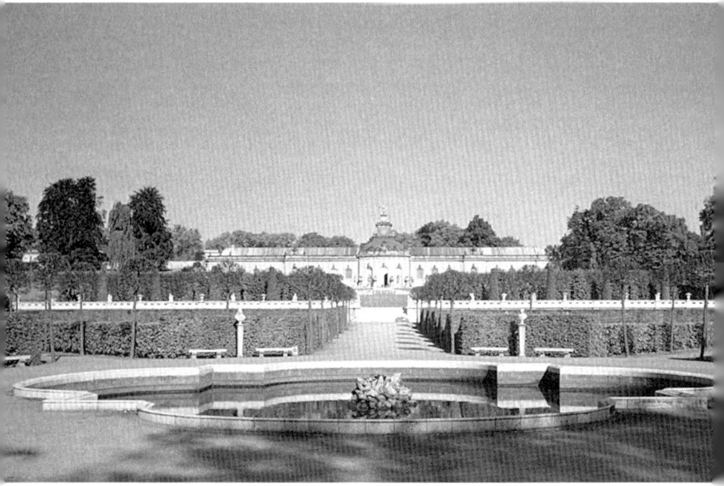

Abb. 22: Blick auf die Bildergalerie von der Hauptachse des Parks.

mus und die inszenierte Un-Idealität dieser Werke wie die meisten Sammler seiner Zeit abstieß.

Dennoch verleihen die Bilder der Caravaggisten heute den auf der einen Seite der Galerie vertretenen italienischen Meistern ein ähnliches künstlerisches Gewicht wie die Gemälde der flämischen Schulen auf der gegenüberliegenden Seite und bieten so die Möglichkeit, in der Bildergalerie einen guten Überblick über die wichtigsten Grundtendenzen der italienischen Barockmalerei zu erhalten.

Solange ein großer Teil des friderizianischen Bestandes noch verschollen ist, wird ein solcher Bruch mit der Tradition der Bildanordnung in diesem Haus notgedrungen hingenommen werden müssen.

So präsentiert sich die Gemäldehängung der Bildergalerie heute als eine Annäherung an die Bildergalerie Friedrichs des Großen, die aber bei genauerem Hinsehen die Brüche der deutschen Geschichte – und, nicht zuletzt, unseren Abstand zum 18. Jahrhundert nur zu deutlich offenbart.

Literatur

Die Bildergalerie in Sanssouci. Bauwerk, Sammlung und Restaurierung. Festschrift zur Wiedereröffnung 1996. Mailand 1996.

Eckardt, Götz: Die Bildergalerie in Sanssouci. Zur Geschichte des Bauwerks und seiner Sammlungen bis zur Mitte des 19. Jahrhunderts. Diss. Halle/Wittenberg 1974 (Typoskript).

– : Die beiden königlichen Bildergalerien und die Berliner Akademie der Künste bis zum Jahr 1830. In: Betthausen, Peter (Hrsg.): Studien zur deutschen Kunst und Architektur um 1800 (Fundus-Bücher 75/76). Dresden 1981, S. 138-164.

–: Der Napoleonische Kunstraub in den königlichen Schlössern von Berlin und Potsdam. In: Klingenburg, Karl-Heinz (Hrsg.): Studien zur Berliner Kunstgeschichte (Seemann-Beiträge zur Kunstwissenschaft). Leipzig 1986, S. 122-142, 313-318.

Henschel-Simon, Elisabeth: Die Bildergalerie von Sanssouci. Verwaltung der Staatlichen Schlösser und Gärten. Berlin 1930.

Hirt, Alois Ludwig: Ueber die diesjährige Kunstausstellung auf der Königl. Akademie. Berlin 1815.

Manger, Heinrich Ludwig: Baugeschichte von Potsdam, besonders unter der Regierung König Friedrichs des Zweiten. 3 Bde., Berlin/Stettin 1789-1790, Bd. 1, S. 221-241.

Müller, Karl Ernst: Der bildhauerische Schmuck der Bildergalerie im Park von Sanssouci – seine Bedeutung und Geschichte. In: Mitteilungen des Vereins für die Geschichte Potsdams N. F. 13 (1941), Nr. 370, S. 7-29.

Oesterreich, Matthias: Beschreibung der Königlichen Bildergalleri und des Kabinets im Sans-Souci. Potsdam 1764. Nachdruck mit Anmerkungen und einer Identifizierung der Gemälde von Gerd Bartoschek, Potsdam 1996.

Poensgen, Georg: Die Bildergalerie Friedrichs des Großen in Sanssouci und Adriaen van der Werff. In: Jahrbuch für Kunstwissenschaft 1930, S. 176-188.

Seidel, Paul: Friedrich der Große und die Bildende Kunst. 2. Aufl., Leipzig/Berlin 1924.

Stein zum Altenstein, Karl Freiherr von: Rigaer Denkschrift vom 11. September 1807. In: Winter, Georg (Hg.): Die Reorganisation des Preussischen Staates unter Stein und Hardenberg 1, Bd. 1 (Publikation aus den Preussischen Staatsarchiven 93), Leipzig 1931, S. 364-566.

Vogtherr, Christoph Martin: Das Königliche Museum zu Berlin. Planungen und Konzeption des ersten Berliner Kunstmuseums (Jahrbuch der Berliner Museen N. F. 39 [1997], Beiheft).

Abbildungsnachweise

Staatliche Museen zu Berlin Preußischer Kulturbesitz (Gemäldegalerie): 7/Staatliche Museen zu Berlin Preußischer Kulturbesitz (Kupferstichkabinett): 14/Stiftung Preußische Schlösser und Gärten Berlin-Brandenburg (Archiv): 1-6, 8, 10-13, 15, 17-18/Stiftung Preußische Schlösser und Gärten Berlin-Brandenburg (Roland Handrick): 19-22/Jörg P. Anders, Berlin: 9/Christoph M. Vogtherr: 16.

Die Deutsche Bibliothek - CIP-Einheitsaufnahme

Vogtherr, Christoph Martin:
Die Bildergalerie von Sanssouci / Christoph Martin Vogtherr. - Berlin: Berlin-Ed., 1999
(Berliner Ansichten ; Bd. 8)
Engl. Ausg. u.d.T.: Vogtherr, Christoph Martin: The Picture Gallery of Sanssouci
ISBN 3-8148-0013-3

1. Auflage/Oktober 1999
Herausgeber: Markus Sebastian Braun
Redaktion: Johannes Althoff
Umschlagkonzeption: Martin A. Hospach

ISBN: 3-8148-0013-3